小遊戲‧大學問
教師在幼兒遊戲中的角色

———— 陶英琪譯 ————

THE PLAY'S THE THING
Teachers' Roles in Children's Play

Elizabeth Jones
Gretchen Reynolds

Published by Teachers College Press, 1234 Amsterdam Avenue, New York, NY 10027

關於作者

ELIZABETH JONES（伊莉莎白瓊斯）

伊利莎白瓊斯任教於太平洋橡樹學院人類發展系，並身兼加州帕薩迪那兒童計畫的一員，她的學生包括了成人與兒童。她在威斯康辛大學取得兒童發展的碩士學位，並在南加大取得社會學的博士學位。她與伊莉莎白普力史考特合作研究以托兒所作為兒童養育場所的研究達十年之久，近年來則專注於研究師資教育與成人學習，並致力於研究兒童遊戲、語言、與讀寫能力的發展。她曾經到阿拉斯加大學擔任訪問講師，也曾於一九八六年擔任南澳洲高等教育學院德麗莎協會的研究員。著作極為豐富，包含《教學環境的各面向》（1984）、《教育成人：主動學習法》（1986），並編輯《與四、五、六歲孩子一起閱讀、寫作、談話》（1988）。

GRETCHEN REYNOLDS（葛瑞真雷諾茲）

葛瑞真雷諾茲是加州帕薩迪那太平洋橡樹學院的附屬教員，也是加拿大安大略省渥太華區的愛爾功崑恩學院學前教育證照課程的老師。她曾任教於阿拉斯加朱諾大學的師資教育課程，也曾於朱諾的托兒所與幼稚園任教，也教過帕薩迪那的太平洋橡樹兒

童學校。她在紐約市的濱河街教育學院取得教育碩士學位，近年
來在加州客萊兒蒙特研究所完成標題爲「四歲遊戲高手的行爲特
徵」的教育博士論文。她有幾篇文章收錄於伊莉莎白瓊斯的《與
四、五、六歲孩子一起閱讀、寫作、談話》一書中，包括「當我
年幼時，總是在玩」（1988）。

關於譯者

陶英琪

學歷　美國伊利諾大學學前教育碩士

曾任　福和國中英語科教師

　　　信誼基金會實驗教室研究教師

　　　秀山新天母社區托兒所負責人

　　　輔仁大學推廣部兼任講師

譯作　艾洛依舞台秀

　　　艾洛依昆蟲迷航記

　　　探索孩子心靈世界（與陳穎涵合譯）

　　　生活英語會話

　　　休閒英語會話

譯者序

翻譯這本書的過程中，小兒至謙常會跑到電腦桌前，要求我講書中小朋友的對話給他聽，他對於這些講英文的小朋友發生的事極感興趣，看到他那充滿興味的眼神與聽完故事後滿意的神情，我這當媽的大人真羨慕他：啊，這就是孩子，對世界充滿好奇，這麼容易滿足，真幸福！希望這本書的中譯本，可以為更多台灣的老師、小朋友、與家長帶來更大的幸福。大家一起來研究孩子們最擅長的遊戲吧！

閱讀與翻譯本書就像經歷了一趟長途的旅程，處處溫馨，但也險象環生。是下面這些人把我從文字叢林中救出，不才我方能自旅途平安歸來，衷心感謝他們：

王祝華小姐，與我素未謀面，但本著助人的俠義精神，為我詳盡解釋書中所有的西班牙文。

曾泰元老師，以他極佳的外文素養，幫我打敗許多超級棘手的外籍文字兵團。

林育瑋老師、陳富美老師、王怡云老師、陳穎涵老師以一貫的師道精神，為我解惑、打氣，甚至義務校稿。

長年與外國人打交道的好友淑賢與宜桑，為我解決字典上找不到的俚語。

張毓如與陳怡芬兩位編輯的專業協助。

當然，還要感謝家人的支持與包容。

謝謝大家！

陶英琪

2002 於新店

前言

　　您對自己提昇遊戲的能力不滿意嗎？您是否憂心正在進行的遊戲？您是否因為自己無法有效率地回應遊戲而覺得挫折？還是您為了其他人貶低遊戲的價值而生氣？假如您對其中任何一個問題的答案為「是」，那這本書正適合您。作者們都是技巧高明的遊戲觀察員，他們逐章展示遊戲的各個面向，這些面向只有經過長時間仔細觀察才有辦法加以描述。

　　我的朋友茹絲皮爾斯（Ruth Pearce）形容遊戲為「泡沫幻影」。我一直很喜歡這個形容詞，因為它抓得住遊戲來去的方式。遊戲可以如此短暫，在人們幾乎沒發覺之前就消失無蹤；但也可以堅固複雜，跟其他的泡泡們堆疊在一起。而且既然它是假裝的，一旦消失就會被平凡的現實所取代。

　　將遊戲視為泡沫也描述了它中空的特性，遊戲者可以在裡面創造戲劇。在這個泡泡裡，那些在現實世界中被禁止、或沒希望的事情都可以被假裝。幼兒假裝是成人或假裝很有權力，甚至連大人都得聽他們的命令。擔任這些虛構情節的創造者時，幼兒體驗到個人的權力。幸運的話，還有朋友共享這些幻想。因為希望遊戲與友誼可以繼續，幼兒才會願意放棄絕對的權利，運作妥協。

　　這個空間也給予遊戲者時間，去發現個人的經驗知覺與外在世界的連結，該世界有其規則、期待跟慣例。在遊戲的泡泡裡，遊戲者可以笨拙地對付那些外在的限制，並且在過程中找到不受外界影響、保持主動與獨特感覺的方法。運用這個方式可讓邏輯

與動機結盟，共同面對學校教育要求他們掌控文化工具的那個任務。本書中的故事會一再提醒您：那些本質上創造力十足、被孩子用來產生連結的的方法；而且既然遊戲是自我選擇的，您將會看見孩子們如何充分展現自我。

我認為遊戲與界線的關係密切。我們怎麼知道某些行為是「遊戲」？我們怎麼重新定義一個情境，將它變成遊戲？這些區別對精神病患或剛踏入外國文化者可能很困難。無法進入遊戲情境的成人常常為自己與他人引發災難。遊戲需要在思想上有極大的彈性，一種轉移情境與添加新點子的能力。這些能力在整個生命週期裡持續受用，而且一定要勤加練習，不可能無中生有。

在那個母親沒有外出就業、在家撫養孩子的年代，幾乎沒什麼理由去注意遊戲。遊戲的發生，從沒有經過什麼計畫，而且還很受大人歡迎，因為這樣一來他們就可以去處理自己關心的事。典型的住家並不是塞滿玩具，而是有許多自由活動區。常有大大小小的孩子介紹新奇的的東西，也有私密的空間，讓孩子遊戲其間而不受打擾。大人雖然忙著自己關心的事，孩子們還是可以看到他們、問問題、或找他們排解紛爭。午餐或其他的例行照護時間，可以討論早晨玩的遊戲。因此，本書所描述的角色，在許多家庭裡，是在未經考慮的狀況下就自然地發生。家長跟孩子的行為是如此符合情境，以致於大家視而不見，因此也不認為有什麼重要。現在，隨著越來越多童年時光在團體情境中度過，重新創造一種曾經自然發生的經驗就變得很重要，也希望提供這種經驗給那些過去玩遊戲未獲得支持的孩子。為了做到這一點，必須要檢驗遊戲的生態與協助兒童遊戲的成人。

我最喜歡這本書的一點是，對我而言，它描述了協助遊戲所

需的知識，並運用該知識作爲穩固的基礎以建構學習。隨著這些故事的展開，您將會看見成人行爲的各種可能性，如何讓遊戲泡泡不會在未成熟之前就破滅。要做到這一點，通常需要成人創造安全的界線，一種看得見的、佈置環境、以及隱形的界線，運用成人的邏輯去創造轉換並賦予意義。在我看來，本書的章節、標題、大綱、對工作的描述，傳達了幼教工作者所需的高階專業技能。也許這本書講的不只是遊戲，而有更多是關於專業發展。

伊莉莎白普力史考特

Elizabeth Prescott

導論

　　經過這許多年來的涉入幼教課程，我們曾經參與並觀察各種成人與遊戲中的幼兒互動。最近兩年，身為資源支持團隊的成員，在帕薩迪那聯合學區與太平洋橡樹學院暨兒童學校贊助的課程中跟托兒機構的教職員共同工作，在一個由福特基金會支持的官方與民間共同合作計畫的贊助之下，我們已經充分享有密集觀察以及充分與教職員對話的機會。我們感謝他們對我們的思考與蒐集遊戲中兒童的故事的貢獻。整本書中的觀點是我們自己的；這些觀點不代表該計畫。

　　本書中許多故事出自我們在這個計畫中的經驗。為了讓讀者有一貫的感覺並維持計畫參與者的隱私，我們講述大部份故事的方式是以彷彿他們發生在兩個合成的背景：喜橡園兒童發展中心與二街小學，現實生活裡沒有對照之地。這些背景會在下文中描述。那些最有可能認出我們的一些故事的老師（即使是在合成的背景中）包括 Beni Campbell、Jackie Cotton、Erin Sumner、Jackie McMurray、Connie Wortham、Suzanne Jones、Kathy Reisig，與帕薩迪那的助教 Caridad Bonilla，還有加州聖荷西的 Wanda Magiera。除此之外，我們也收納一些由隸屬教師－研究者網路的義工會員所做的觀察，這些會員收受並投稿給我們的計畫簡訊。我們很感謝在帕薩迪那的麥迪遜托兒所的老師泰瑞莎巴瑞奧斯與喬琪娜維拉瑞諾；傑佛遜托兒所的老師珊卓拉雷果跟助教艾瑪史東；威樂兒童中心的蘇布希跟喬伊絲模塔若；還要感謝在阿拉斯加州，

朱諾的朱諾合作托兒所工作的琳達託吉兒森；在加州瑞丁的巴克艾學區工作的蓋伊鞏魯德；加州洛克林學區的安妮所羅門；任教於華盛頓貝勒福的小學校的瓊安紐克姆；還有眾計畫托兒所的觀察員，傑米梭羅。故事裡出現的「訪客」或「觀察員」就是我們其中之一。

背　景

　　喜橡園兒童發展中心位在一個社區學院的校園裡，同時也作為學前教育學生的實習場所。托兒所的半日班是三歲與四歲孩子混齡；由一位教師主帶，搭配數量不一的學生助手。校園的托兒中心在附近。它也是由學生補充正規的教職員，也是三歲跟四歲孩子一起。

　　兩種課程的孩子都是來自不同人種、不同種族。托兒所的孩子大部份來自專業人士的家庭，還包含一部份教職員子女。托兒中心的服務對象混合著不同社經背景的人口：在學學生、社區學院教職員，如果還有空缺，也收教職員的子女。

　　托兒所的主帶教師擁有幼教碩士並身兼學院教職員。註冊的學生有二十名，通常在學生助教輪流排班時，師生比例至少為一比五。

　　托兒中心的教職員包含兩位工作時程重疊的學士學位的主帶老師，以及兩位有給職的六小時助教，通常是學院中幼教系的學生兼職。額外的學生助教協助維持大部分時間至少一比八的比例。二十四位孩子可同時自由選擇活動，室內與戶外均可，還有分成

較小的「家庭式分組」，以進行其他的活動。

喜橡園托兒所與托兒中心的區隔，反映出它們建立的基礎與資金來源。同樣的情形亦適用於第二個背景，茲描述如下。

二街小學是個大型公立小學，它的學前單位包含一個托兒中心、兩個托兒班以及四個幼稚園。托兒中心有兩個班級，一班收三歲孩子，一班收四歲孩子。每班有一位教師和一位助教。

三歲與四歲孩子的托兒班有兩個分開的混齡教室，共同分享戶外空間。每班有一位教師和一位助教。

托兒所跟托兒中心位於二街，附近人口以美國黑人跟拉丁裔佔多數，他們的經費來源是「補償教育」，並限定入學資格為低收入家庭。有些孩子的母語是西班牙文，四位教師中有兩位是雙語言的。每班最多可容納十八個孩子（雖然托兒班有時招生不足），有一位教師、一個助手。教師必須符合州政府的托兒所證照資格——學前教育的準學士學位，或任何領域的文學士，具備兒童發展協會證書或修習二十四學分學前教育。學前教育學分的現場指導員，要督導八個班的三歲到五歲孩子，證照是小學附有學前教育的批注認可。義工家長有時會出現在托兒所。

本書中真正標出名字的園所有：麥迪遜、傑佛遜和威樂，均與二街托兒所類似。第二章簡短提到的小朋友托兒所（非真名）則是個城市教堂托兒中心。

為什麼要遊戲？

身為幼兒教育者，我們有我們的發展觀點的根源，來自於濱

河街學院與太平洋橡樹兒童學校的幼教傳統早於皮亞傑的認知發展的影響。依循這個方向，我們已經趕上自一九六〇年代以來影響幼教的新思想與目標，我們已經開始將我們托兒所的經驗加進幼稚園與小學。最近我們持續與一個認知發展課程接觸──高瞻課程，當該課程在帕薩迪那小學的托兒所與托兒中心施行時，已經激發我們去重新檢視，再次思考我們的觀點：幼兒教育裡什麼是基本的。我們很感謝喬伊絲羅濱遜，她主動參與這次的對話。

互動發展論者（Franklin & Biber, 1977）與認知發展理論均強調遊戲：自主的活動選擇，是幼兒建構、瞭解世界的主要方式。這種對遊戲的強調跟文化傳承理論有顯著的不同（描述於DeVries & Kohlberg, 1990; Franklin & Biber, 1977），該理論將遊戲視爲直接教學的歇息，直接教學才是合宜的教學方式。後者的觀點基於行爲心理學，主宰了小學教育。在一九六〇年代，它也在幼教獲得了新的影響力，被納入國家批准的模式，新創造出的初始計畫。以未來學校生涯的成功爲目標，行爲主義者主張窮人的小孩要用功才「趕得上」，他們沒時間遊戲（Bereiter & Engelmann, 1966）。

皮亞傑的理論也透過初始計畫模式得到新的影響力，該模式採用皮亞傑理論教育意涵中相當簡化的觀點（DeVries & Kohlberg, 1990）；不過該理論的確提供時間讓孩子遊戲。我們已經開始瞭解到，皮亞傑的建構理論對遊戲在認知發展跟道德發展上的角色的重要性，是個有影響力的理念。它補充我們長期以來在認知上對遊戲在社會－情感發展的角色，並使我們更能在倡導遊戲時得以表達清楚。最近，它也支持倡議延伸遊戲進入小學（Bredekamp, 1987; Kamii, 1985a; Katz & Chard, 1989; Wasserman, 1990）。很高

興發現我們不再逆水滑行而是乘著新浪，這股到處充斥的活潑新浪潮對幼兒的遊戲與其在學校的地位充滿興趣。

教師角色

本書所描述的教師角色既反映我們的理論觀點：什麼是可取的；也反映我們最近的實際經驗：什麼是可能的。跟這個領域的教師一起工作，我們發現有些角色比其他角色容易被接受。

在這次托兒所樣本中，所有的教師最熟悉的角色是舞台經理；沒有例外，大家都爲遊戲提供了美麗的室內環境。當我們的計畫開始時，戶外環境品質改變極大。戶外舞台管理並非是什麼新主意，但教師們很熱中於擴展他們對這個角色的定義。

教師擔任計畫者是另一個熟悉的角色，雖然爲遊戲計畫不像爲指導小組活動作計畫那樣熟悉。我們跟教師合作的過程中，我們一直持續觀察，並與他們溝通有關幼兒的社會扮演遊戲和語言，目的是要強調我們對這些行爲發展順序的重視。有些教師，尤其是那些自己有愛玩傾向的教師，逐漸增加探索爲遊戲做計畫的那個過程。有些則以提供讀寫的準備作爲一個遊戲劇本來回應這個想法。

教師擔任記錄者，雖然對大部份的計畫參與者是個新想法，教師們也表示感興趣與歡迎。幾乎每個教室裡都有教師寫下孩子的話並貼在教室牆上。教師們似乎喜歡當「童言童語的記錄者」。

教師擔任說教者，這個角色不在我們的推薦名單上，是許多跟孩子工作的成人堅持的傳統角色。當說教變成與孩子幹旋或成

人與孩子遊戲的一部份，通常會打斷遊戲。教師擔任斡旋者——協助孩子找到他們自己的解決辦法而不是強迫用成人的辦法，看起來是個相當不熟悉的角色，雖然我們曾看到很多例子，有少數教師相當有技巧地行使這個角色。

我們一直在思考教師擔任遊戲者的角色，那是我們這兩個教托兒所的人很自然可以進入的角色，因此我們剛開始傾向於假設：其他人應該也是這樣。可是，身為觀察者，我們看見教師涉入孩子遊戲的差異性極大——有些相當支持而且真的在玩，有些則很干擾。我們曾觀察到教師定時跟遊戲中的孩子接觸，但卻沒法支持遊戲的完整性。他們的批評與問題來自他們事先想好的教案；通常這種問題的作用是打斷遊戲，除非孩子們對問題能相應不理。

大部份的「教案」點出的目標是取決於教學而不是決定於孩子自發的、透過遊戲的學習。不過，在科米（Kamii, 1985b）的研究裡，幼兒用合適的教具，透過遊戲「重新發明」算術，示範了不需直接教學，學習仍有辦法發生。科米也描述了假如小學教師教的不是算術的客觀事實，他們可能會變成焦慮的教師。

相同地，有些幼教教師如果沒教形狀與顏色就會變得焦慮，即使這些屬性在設備良好的環境中的遊戲素材中會重複出現，並且會被遊戲中的幼兒自發使用當作邏輯分類。當我們鼓勵教師為孩子作計畫，透過遊戲學習時，有時候會遭遇阻力。看起來大家寧可相信自己是教師也不願去相信幼兒是學習者。

為了這個原因，我們繼續尋找方法，強調評量者與溝通者角色的重要性。在這些角色裡，教師變得有能力讓自己跟別人相信，當幼兒遊戲時，他們真的在學習。

這本書的第一章開始於一些跟遊戲有關的想法，目的是要提

醒我們自己和其他人，關於幼兒遊戲的重要性。前三節沒有故事，沒有對話，「『以及一本沒有圖畫、也沒有對話的書』，愛麗絲想『有什麼用？』」（Carroll, 1899/1979, p. 1）不過，您將會在「遊戲高手」那節看到對話，且從那節開始，引用卡羅爾（Carroll）的話，它們會開始變得「大量且快速」。幼兒的遊戲充滿了圖畫與對話，我們邀請讀者們分享一些我們所看到與聽到的。

目錄

1

瞭解並支持兒童遊戲

　　對三至五歲的孩子而言，變成遊戲高手是他們發展上最重要的成就。遊戲高手擅長自己編即席劇本，用抽象方法重現他們的經驗。他們有時候唱獨角戲、有時候跟別人合作演出他們的幻想跟日常生活事件。藉由想像遊戲，幼兒強化對世界的了解，精進他們的語言及社會技巧。技巧高明的幼教老師就是要讓孩子有機會玩想像遊戲，並且協助孩子精益求精。

　　很多人以幼兒為工作對象，但是他們對於老師的工作、老師所教的，則各持不同的觀點。老師讓孩子圍成圓圈坐下、帶手指謠、討論月曆。他們教孩子溜滑梯的使用規則，也教他們騎三輪車的規則以避免車禍。觀看孩子玩「學校」的遊戲，他們演出的老師會嚴肅地給予資訊、執行紀律與規定方向。在孩子跟老師都參與的學校遊戲中，似乎有個共識：老師講話，孩子學習。不然的話，孩子應如何學會分辨對錯？又怎麼學會顏色、形狀、數字與字母呢？

　　發展理論，向來對幼教以外的教育領域影響有限，皮亞傑（Piaget, 1973）說：「瞭解即發明創造。」對這點有相當明確的主張。幼兒學習最重要事情的方法，不是經由他人告知，而是經由與物質世界互動、與其他孩子互動來為自己建構知識。遊戲正是他們所採用的方法。

遊戲各階段

　　三至五歲兒童玩的遊戲，既不同於三歲之前的兒童玩的，亦

與學齡兒童的遊戲大異其趣。所謂的適合幼兒發展的課程（Brede-kamp, 1987）意指：當孩子已精通一個階段的發展任務並進步到下個階段時，教學策略也要隨之改變；也意指課程應顧及個別差異。呼應個別差異最有效的方法就是：持續不斷地提供自選遊戲的機會。

艾瑞克艾瑞克森（Eric Erikson）跟珍皮亞傑（Jean Piaget）已提出互補的兒童發展理論。表 1-1（頁 27）歸納這些階段並當作本章的大綱。在表中我們同時考慮遊戲各階段以及表徵各階段。利用這個建立好的架構，我們繼續檢視遊戲的內容——亦即它的劇本，以及孩子對遊戲的掌控。本章以老師的問題「可是，當孩子在玩時，我該做什麼？」做結論。而這也是本書中所要探討介紹的教師角色。

三歲以下──探索

艾瑞克森（1950）說，三歲以下的孩子面臨的第一個發展上的挑戰是信任─溝通的能力，以及接下來的自主─分離的能力。皮亞傑（Peterson & Felton-Collins, 1986）將此描述為感覺動作期，本期知道的都是物質上的。對會動的學步兒跟兩歲小孩而言，發展的任務是經由具體行動及剛萌芽的口語去**探索**世界。有成人的看顧確保安全，有能力的學步兒是個精力充沛的探險家。會探索自己的身體，用身體去探索，探索身體能做的事、探索其他的人、探索他們的反應，還探索他身邊這個充滿有趣事物的世界。他會去戳、丟、拉、嚐、聞、或敲打他所遇見的任何東西，並且逐漸增加口語評論以便與其他人溝通並思索他自己的經驗。

　　體貼的嬰幼兒照顧者會提供有豐富感覺動作經驗的環境讓他們探索（Stallibrass, 1989），適度介入以維持寶寶的安全，並教導解決問題（Gonzalez-Mena & Eyer, 1989; Muhlstein, 1990），依照孩子的理解程度，示範運用語言，還要欣賞地回應剛萌芽的扮演遊戲。總而言之，他是提供「**照顧**」的人，他提供情緒跟身體的舒適，也提供溫暖的關係。

⁂ 三至五歲——遊戲

　　皮亞傑說，三至五歲的兒童是運思前期。認知變得超越感覺。不過孩子的邏輯是為自己建立的，模式跟大人的邏輯很不一樣。認知需要自發的行為，以遊戲的形式出現：自發地重新創造自己的經驗以便瞭解經驗（同化）。艾瑞克森描述本階段的發展任務為自動自發——有能力替自己選擇、計畫且完成，不會因為焦慮而停滯。

　　對皮亞傑及艾瑞克森而言，學前階段的發展任務都是要**精通遊戲**，尤其是建構性、扮演以及社會扮演遊戲。這個時期的孩子第一次變成了有能力的經驗表現者，而不只是實踐者。人類社會與人類思想是植基於**表徵**（representation）的成就上，表徵使人類得以瞻前與顧後，而不只是活在當下，表徵也令溝通能穿越時空，不受限於面對面。學步兒的探索是直接接觸，不是表徵的。但四、五歲孩子的扮演遊戲則逐漸複雜，表現出真實也表現出想像的經驗。

　　當學前兒童表現經驗時，會利用自發的口語，通常他們已掌握基本字義，並持續改良擴充。他們以身體語言補充口語表達之

不足，用整個人演出那些豐富他們生命的戲碼。演出時，他們是說故事的人，故事的創造者，當他們一起演出時，那些故事就變成了兒童社區共享的神話。道具服裝使他們的故事更豐富，就像老演員的故事一樣。跟任何一位尚未使用文字的人類一樣，他們倚賴並支持繼續創造一種面對面接觸時共享的傳統。他們的認知，用唐納森（Donaldson, 1978）的話來說，是**嵌在**他們的行為中。

　　同時，如果能順利取得所需的工具，他們就成了形象的創造者。利用鉛筆、鋼筆、毛氈筆、油漆、粉筆畫畫。這些利用雙手雕塑黏土、麵糰等各式在世界上留下註記的機會，讓孩子可以去探索，最後運用於有意識地表徵視覺圖像的領域。視覺圖像在所有的文化傳統中均與口語文字互補。小木片、工具與膠水、積木、樂高及其他建構式玩具的硬度正好用來平衡這些軟式的媒介，這些玩具全都迫使孩子學習組裝的學問。不過孩子接下來自己可以運用上述玩具，重新創造出較大世界中的建築物、街道、機械及工具。結合繪畫及建築，孩子們創造他們共同的形象，將他們的經驗具像化。

　　社區托兒所與幼稚園老師（有些國家，三至五歲小孩上幼稚園）關心的是孩子是不是精通遊戲？是不是明白各種的口語表達及形象所代表的意義。他負責提供豐富的遊戲環境，給孩子時間場地獨處、共處。為了使孩子群聚時更有效率，他得居中幹旋並示範同理心，解決問題的語言，還有在跟與自己不同的人溝通協調時，很重要的那種異質思考方式。透過道具及對話與故事中的意見分享，他挑戰孩子，使他們的遊戲劇本更複雜，並且擴充他們扮演遊戲的主題戲目。他合宜地示範複雜的口語，並開始示範文字及數學做為額外的表現方式。

　　就發展上來說，五歲的孩子仍屬於運思前期，是從做中學。如果上幼稚園是孩子首次有組織的團體經驗（註：美國的幼稚園招收五歲園生），那幼稚園的經驗就可權充為個人認識學校中的人、地、物的絕佳新生訓練，也是學習一起玩、關心友伴，見識教師權威的機會。雖然現在許多孩子在進入幼稚園之前已有一年或數年的團體經驗，他們的認知與行為模式仍然是五歲小孩的。上幼稚園，對學前階段的老學生而言，是去證明並享受當遊戲高手的機會，遊戲提供孩子認知考驗（Vygotsky, 1978），因此讓孩子在遊戲中有機會去做自己拿手的事，並體驗達到成功頂端的滋味，孩子也有機會當一當「高自己一個頭的人」。孩子由遊戲中學習計畫（Reynolds, 1988）。相反地，學術導向的幼稚園反映了缺點模式而非能力導向，要求孩子提早練習他們還不會的事。

六至八歲：調查

　　充分掌握每個階段的任務，就是為下個階段預先做好最可能的準備。迪森（Dyson, 1989）仔細描述了學齡兒童所具備的口語能力及繪畫技巧如何協助他們致力於學習掌控故事寫作。在小學教室中，假如老師在上寫作課時，允許孩子自由交談、畫畫、與寫作，那他們就可以使用他們在遊戲中所獲得的所有技能，這也就是他們要進階艾瑞克森所說的階段任務，他們此時的挑戰是要發展成人世界認可的勤奮以及能力。六、七、八歲的孩子是、或他們即將成為「具體─運思的」，皮亞傑說：他們有能力，使用符合邏輯（成人詞彙）的心理運思去瞭解他們的親身經驗。他們有能力超越感官知覺的直接證據進行歸納。不過還沒辦法跳過那

樣的證據，經由純文字學習。

　　學齡兒童變成瓦森門（Wasserman, 1990）所說的「嚴肅的遊戲者」。凱茲和查德（Katz & Chard, 1989）及瓦森門曾清楚描述在學齡前，符合發展的課程如何吸引孩子全力投入。此類課程挑戰孩子，令孩子進行批判式思考，思考他們所從事的各式**調查活動**；有些活動是自發的，有時則是以嚴肅遊戲者的身分進行教師計畫好的、開放式活動或是跟彼此互動。具體運思期的孩子已經準備好以團體對話的形式，有意識地反省他們的遊戲，瓦森門稱之為「簡報」。他們跟運思前期的兒童不一樣，他們是有意識的學習者，有成果以及過程導向的能力。他們為自己設標準並評量自己的學習。

　　小學老師提供「呼出」與「吸入」兩種互相平衡的活動：「呼出」——孩子自己選擇的活動，藉由此類活動孩子繼續鞏固他們所理解的事，就如同他們在學前階段所做的；「吸入」——老師所設計的挑戰，讓孩子去「發掘」（D. Hawkins，引自 Duckworth, 1987, p. 7）課程中的重要概念（Ashton-Warner, 1963）。教師示範並引導團體討論彼此共享的經驗。接著，他們示範並引導使用讀寫能力與數理能力，這兩者是人類呈現經驗的基本抽象方法。小學階段的孩子已準備好開始學習非嵌入的（Donaldson, 1978）、無上下文的（Snow, 1983）思考技能，這些是科技文明所需的能力。思考準備好了意指他們在學前階段已紮實奠下嵌入式意義的根基，經由成人的協助，搭起了跨越不同階段的橋樑（Ashton-Warner, 1963; Deipit, 1986, 1988; Dyson, 1989; Heath, 1983; Johnson, 1987; Jones, 1987）。

表 1-1　發展階段摘要

年齡	主要學習活動	學習重點	表徵模式	成人對表徵的貢獻	皮亞傑各階段	艾瑞克森各階段
0-2	探索	物質環境：直接認知	身體語言；（姿勢）發展口語	示範身體語言與簡單口語	感覺動作	信任與自主
3-5	社會扮演遊戲	經驗的世界：在故事與影像中	身體語言；即興的口語；運用素材的想像；扮演遊戲	示範口語；為遊戲與想像預做準備；示範簡單的讀寫	運思前期	自動自發
6-8	探索	經驗的世界：分類的	身體語言；即興的口語；有結構的口語；運用素材想像；扮演遊戲；有組織的戲劇；發展讀寫	示範並組織口語；為遊戲想像做好準備；組織戲劇；示範並組織讀與寫	具體運思	勤奮

⦿ 超越學前階段：對話

　　圓滿結束這幅畫，孩子過了學前階段以後，在那些他們已有堅實基礎的具體認知領域中，逐漸走向形式運思，雖然在小學階段，沒有具體參照物的思考還不成熟。形式運思的學習焦點移轉

至思想的世界，在思想的世界中，主要的學習活動是**對話**——與其他思想家、和自己、更與書中和其他媒介的思想對話。已經掌握早期階段任務的青少年擁有處理重複出現所有問題所需的基礎，這些問題他們均已經在學前階段遇過，目前因著青春期的具體事實又變得迫切，諸如：我是誰？我要什麼？未來我將如何？套用瑪莉亞皮爾斯（Maria Piers）的話（in Paley, 1988, cover）：「人類發展過程中，有特定階段，其特色是需要大量的自由遊戲與白日夢及幻想。青少年是其一，學前階段是其二。」

音樂是青少年作白日夢的有效道具之一。學前幼兒則是利用遊戲。「幻想遊戲是他們素來依賴、通往知識與確定之路。我假裝，故我存在。我假裝，故我知道。我假裝，故我無懼。」（Paley, 1988, p. viii）

表現各階段

扮演遊戲是表現發展的過渡階段。表現有其發展順序，其發展巔峰則是成為作者與讀者。自學前階段開始，人類不只是**擁有**經驗，人類還會為個人反省及人際溝通等目的**表現**經驗。正如生命週期各階段，這些階段互相重疊（見表 1-1，頁 27），人的一生會持續運用所有形式的表現方法。晚期階段使用較抽象的，學校教育的主要目的是要確保受教者學會語言及數字等抽象方式。然而，在文化高度發展的社會中，孩子早在接受正式教育前，便已開始建構他們對文字的瞭解。

　　姿勢——身體語言，是表現的第一種方式（Vygotsky, 1978）。當嬰兒伸手拿東西，成人解釋伸手的動作是指一種溝通的方式，而以溝通接收者的身分回應。**說話**——不久後隨之而來，依同樣方式發展，當成人回應嬰兒隨機發出的牙牙學語聲，且將之解釋為溝通的語言，而那受寵愛的孩子，便會益發選擇發出牙牙學語聲。

　　遊戲也始於探索物質世界。學步兒放東西、丟東西、撿東西、疊高、推倒。一個咖啡杯也許就引發想像遊戲，像是當孩子假裝用杯子喝東西或餵填充玩具喝時。當孩子更精通遊戲，真正的杯子就不必要了，假如他認為熊渴了，一塊積木或隱形杯子就足以持續該遊戲。遊戲中的孩子就是重新創造他們社交及感情生活中熟悉的劇情。經由主動的呈現，他們練習先後順序直至精熟。

　　同樣地，他們先探索再利用平面與立體媒介做有意識的表現。麥克筆、蠟筆、顏料、黏土、木屑及積木均是孩子**製作形象**的材料。由為塗鴉命名逐漸進步到可大致辨認出要表現的東西。畫畫就像其他早期的表現法一樣，隨著孩子的動作技能與知覺二者持續成熟，孩子會自我糾正。

　　當孩子「發現人們不只是畫下東西，也畫人們的言論」，書寫就逐漸展開（Dyson, 1989, p. 7）。三歲幼兒已經會又畫又寫，在他們玩製作標誌、列單子、及寫信時，他們會指出一部份塗鴉是寫字（Harste, Woodward, & Burke, 1984）。寫與讀二者都變成遊戲的劇本，要成為讀者並不是始於解碼，而是始於先後順序，觀察並學習成人讀者，拿起書，翻轉至正面，打開書，逐頁翻書，以及說出熟悉書本中記得的字句。

　　如果兒童接收得到成人發出的對等回應，則發明寫作的過程

與發明說話的過程非常相似（Bissex, 1980; Ferreiro & Teberosky, 1982; Harste, Woodward, & Burke, 1984）。說話始於牙牙學語，書寫始於塗鴉，因此提供各式塗鴉工具就成為此過程中不可或缺的一部份。初學說話者從自發的牙牙學語，進步至有意識的、模仿成熟說話者所發出的聲音；類似情形也發生在初學書寫者身上，從自發的塗鴉進步至有意識的模仿環境中出現的印刷字體。在上面二種情形中所出現的錯誤並不是隨機的，錯誤反應出孩子當時正在發展的知識系統。幼兒是理性的思想家，不過他們的邏輯可能跟成人不同。他們不斷地投注精力、建構心靈世界，以便瞭解有形的物質世界（Jones, 1990）。

　　學校所教的其實是表現表徵，而不只是資訊。基本課程仍然是讀、寫、算，對學校教育的批評通常是源於見到學生沒學好這些技能。這些技能的確是應該在學校裡學好，可是，這些技能如果在有意義的情境外是學不好的。「目前大眾所熱衷的教導幼兒像思考技巧、學習策略、或是電腦程式等這些東西，反映的是一種退步的想法：認為思想與內容可被分別處理。心理過程總是內容導向的（Elkind, 1989, p. 114）。雖然成人可利用威脅與賄賂等方式（或是為人們所熟知的獎賞及懲罰、或是正增強與負增強）激發兒童練習技能的動機，但唯有兒童認為學習本身是有趣的、對他們的生活有益，才能達到最有效的學習。

　　符合發展的教育植基於兒童內發的動機。學前年紀的兒童具高度遊戲動機，就如同學術導向的托兒所與幼稚園的老師經常發現到的，很難要求他們定下來「工作」。幼兒注意力短暫的迷思均來自於上述這類努力。幼兒肯定具有良好的、長時間的專注力，只要他們所做的事是他們自個兒的主意。老師為了教導抽象技巧

而打斷遊戲的做法，與我們所知的幼兒學習過程是互相矛盾的。

　　遊戲不像傳統清教徒要我們相信的，是魔鬼的工作，而是學前時期最重要的活動；遊戲中的孩子最能幹。假如幼稚園、托兒所、托育中心想支持而非阻礙成長，就得開始準備玩遊戲囉！

遊戲的內容

　　使用語言、以材料進行建構、動自己的身體，兒童開始表現經驗。他們即興創作許多劇本，觀察力敏銳的成人可以很容易地辨識出來並且為它們命名：在家的早晨、超人、去商店、我在開快車、餵小寶寶、發射火箭。兒童在托兒所或幼稚園演出的戲碼，反映的是兒童帶到學校的經驗、與校園的材料設備產生的交集。

　　劇本是遊戲主題，植基於兒童真實或幻想經驗，是戲劇性地描繪一系列事件，有著可預測的變化。兒童一起玩時會彼此溝通、協調新劇本，加入新主意與對話，而讓劇本有些不可預測。「烹飪」的劇本可能包含的演出行為有：從碗櫃或冰箱中拿食物，放入鍋中、開爐火、攪拌、關火、裝盤、把盤子放桌上當作餐桌擺設的一部份，以及坐下來開始吃。「寶寶」的劇本可能包含：寶寶哭了、抱起來、換尿布、熱牛奶、餵奶、打嗝、用毯子把寶寶包起來、用娃娃車推寶寶出門、回家、放回床上。「開車」的演員要：上車、轉動車鑰匙、踩油門、熱車、轉方向盤、加速、減速、踩煞車、也許還撞車！有時候劇本要結合起來當作長篇故事中的插曲，例如為寶寶煮菜、載寶寶去兜風。

　　熟悉生活中各種劇本是成人日常生活有效率的原因。程序中的所有步驟都已經變成了第二天性，所以當我們作菜或開車時，有時間去思考其他事情。只有在我們發現自己處在不熟悉的環境時，才會明白這點——開借來的車、試著在新超市採買、在國外打電話。

　　幼兒是世界的新人，為了發現處世之道而遊戲，正如身處異國的成人，目的都是要掌控每天的戲碼。進入這場以事實為基礎的戲，兒童常常編幻想主題，他們利用幻想主題，練習各式用來表現情感的比喻。幻想劇讓孩子體驗力量及控制權，想像自己很大，雖然他們其實很小。即使是成人也用幻想彌補與解釋日常生活中的謎團與挫折。

　　孩子運用幻想與假裝呈現並練習解決問題，用他們能理解的字眼去提問題並瞭解世界。遊戲是自發的，練習創造意義。遊戲主題總是一再重複，直到兒童覺得他弄懂了、滿意了為止。他在這過程中獲得學習策略、知識、及技能。當兒童彼此協調，當成人仲裁時，對錯的問題於焉產生。形狀、顏色、與數量均嵌在盤子、積木、拼圖、及顏料的屬性中。

遊戲高手

　　有效率的三至五歲的教育目標應朝向協助所有的兒童成為遊戲高手。遊戲高手是具有想像力的兒童，有能力運用各式材料，進行持續且複雜的扮演遊戲。他可以與人協調使遊戲繼續進行，

解決社交及材料的難題。

> 　　兩個四歲孩子參與這個插曲四十五分鐘，第二天又回來繼續玩。
>
> 　　羅莉：我們來建機場。
>
> 　　唐瑪若：我們需要飛機。
>
> 　　羅莉：我們來蓋座塔，大的那種，像洛杉磯機場那個。
>
> 　　唐瑪若：我們需要很多車跟停車場。
>
> 　　老師：我喜歡你們所做的。
>
> 　　羅莉：是個機場。
>
> 　　唐瑪若：像洛杉磯機場。
>
> 　　老師：我看到你們有飛機、汽車、和建築物。你們在機場還看到其他東西嗎？
>
> 　　羅莉：人。我們可以用小人嗎？
>
> 　　老師：可以。
>
> 　　唐瑪若：袋子。我們需要袋子。我知道了。我們可以用小積木。
>
> 　　羅莉：我們需要票。我們去華盛頓時，我媽媽有票。（她去切些紙。）
>
> 　　唐瑪若（當老師宣佈收玩具時）：老師，我們能不能保留到明天？
>
> 　　第二天，他們帶了芭比娃娃到學校當在機場的媽

媽跟姊姊。更多小孩加入他們。一度，他們甚至有火車繞行機場，還有乘客在車裡。

(喬琪娜維拉瑞諾，老師／觀察員)

　　這些是有能力的四歲兒童進行並掌控的發明過程，該過程植基於彼此同意的經驗表現。他們正在決定要做什麼，要怎麼用遊戲呈現。他們透過遊戲去發現：我是誰？知道什麼？以及接下來想學什麼？他們正練習與同儕溝通：你要不要跟我玩？要玩什麼？我們能不能達成共識？他們也在練習與成人溝通，藉此肯定自己，以及達成遊戲需求：我們能不能臨時使用材料？你是不是覺得我們的遊戲夠有價值，明天可不可以繼續玩？他們正在練習符合發展的行為：**自動自發**。

　　先發展自動自發，才輪到發展勤奮的階段任務。屬於發展勤奮任務這個階段的學齡兒童所需面對的挑戰是要變成有能力的工作者，而這些工作的規則是由成人制定的。當孩子已經有經驗制定自己的規則，創造自己的意義以及發現他是誰、知道什麼、關心什麼，那他處理這種工作就會更有效率。自尊心以及自我概念是學前遊戲的產物。遊戲使孩子自我創造為有知覺的人類，是所有人類中唯一的。

但他們遊戲時，我該做什麼？

　　許多教幼兒的成人表示：當孩子「純遊戲」時，他們覺得不知所措。有些將遊戲時間當做跟其他成人聊天的好機會，或者喝杯咖啡，或準備下個老師導向的課程。其他的則是非常注意孩子的安全，假如有任何事令他們擔心，就很快介入，但他們不大注意遊戲的內容以及該遊戲對兒童教育的重要。

教師擔任觀察員

　　本書是關於注意遊戲，重點在遊戲對三至五歲幼兒的重要，以及幼教老師支持遊戲時所需的技能。我們強調最基本的技巧是觀察。觀察時，幼教老師應問下列問題：這個孩子在這次遊戲中，發生了什麼事？他想要做什麼（他原訂的議程為何）？他是否具備所需的技能與材料去完成他的意圖？要回答這些問題，成人需要練習採取兒童的觀點，要確實做到這一點，得仔細觀察遊戲中的兒童。觀察時，老師可以試試看為遊戲命名，就如孩子可能為它取名字。

　　貝琪，一個通常只看或晃盪而不玩遊戲的孩子，沒留下什麼要收拾的，不理會收玩具的指令。他知道

玩具收完後要坐在地毯上看書，所以她往那兒走。她坐在積木櫃前。她沒有拿書，卻試探性地拿了塊積木。她拿了塊長積木，小心地把一端立起來。積木保持平衡。她再試另一塊，兩塊都倒了。

老師（聽見吵鬧聲）：貝琪，現在不是遊戲時間，是收玩具時間，我們來收積木。（她自己把積木收好，不等貝琪幫忙。貝琪輕輕說了句話。）你說什麼，貝琪？

貝琪：我沒有玩玩具。

老師：沒關係，收玩具時，我們都要幫忙。你能不能幫史黛芬妮把娃娃放回床上？

她拉著被動的貝琪去娃娃家。

老師也許將此事件命名為「貝琪不幫忙」。但貝琪也許名之為「如果我這麼做，會發生什麼事？」貝琪的問題是科學家常提出的那種：驗證假設的初始步驟。

老師介入，並將她的規範加諸在貝琪的行為上：現在不是遊戲時間，每個人都要幫忙收玩具。這些規則合情合理，而且她在趕時間，像大人常有的情形。畢竟，那是收玩具時間。但貝琪是個後知後覺、缺乏主動性的孩子，老師一直都很擔心她，而現在，她正顯現出那麼一丁點兒的自動自發，不過，運氣不好，時機不對。

　　老師如果有時間停下來，考慮一下貝琪的動機，也許會這麼想：「她不想收玩具。不過她剛剛什麼也沒玩。而現在，當積木角沒人的時候，她要玩了。」老師也許只要仔細看貝琪接下來會做什麼。又或許她可以給些評語：「積木倒了，我想知道你能不能再把它們立起來？」又或者她可能開始想辦法在比較合適的時機擴展貝琪的興趣，也許是利用提供保護區讓她在裡面蓋東西。觀察優先的成人會放慢腳步去配合孩子的步伐，盡力不去保持每樣東西的秩序而是跟自己提問題：「這個遊戲是關於什麼？我能怎麼支持它？」

　　強加規範與維持秩序均是「教學＝管理」的一部份。我們都記得這類教師行為：「不要講話……把紙傳過去……現在做回家功課……排隊時間到了。」教學＝給予注意比較難、更複雜，卻也更符合兒童興趣。

　　小學教育通常始於詢問課程與方法：我們該教孩子什麼？該怎麼教？學前教育則是強調兒童研究。假如我們觀察兒童自然出現的行為，能從他們身上學到什麼？皮亞傑的「診療式」觀察支持教育家的發現，兒童經由自發的活動為自己建構知識。因此，學前時期，教學植基於觀察。本書充滿著觀察——真人真事，關於兒童及那些以教師身分跟他們一起工作的成人。

❖ 教師擔任執行者

　　教師可不是光坐著看兒童遊戲喔。他們也得讓兒童有遊戲的可能。本書的安排是根據成人為使自己能自由觀察遊戲中的兒童所採取的種種行動。複雜的扮演遊戲通常發生於沒有成人直接參

與——當兒童們自個兒處在事前計畫、設想週到的環境中，運用成人之前已經協助他發展出來的技能，並探索興趣。

幼兒的老師要為遊戲的內容與技能二者負責——兒童帶到遊戲中的身體與社交技能。老師藉著觀察評估每位孩子的發展，並計畫應提供哪些選擇以支持孩子在遊戲中持續發展自主性。過程中，老師可能會扮演下列各角色：

舞台經理

斡旋者

遊戲者

記錄者

評鑑者與溝通者

計畫者

教師的每個角色均於接下來的章節作深入探討〔補充分析教師在幼兒遊戲中的角色，見樊胡恩、紐羅、斯蓋爾和歐渥德（Van Hoorn、Nourot、Scales & Alward），付印中〕。第二章至第四章是關於舞台經理、中介斡旋者、及遊戲者三種基本角色，這三者直接支持向遊戲高手成長邁進的孩子。第五章檢驗那些打斷遊戲的行為。比較複雜的記錄者、評量者、與溝通者、計畫者等角色則在第六章至第八章介紹。

第九章要來看看教師執行不同角色的技能發展，從幼教課程編製的執行現狀來考慮。最後，我們回歸現代世界中幼兒的需要。當現代兒童在多樣的情境中展開他們的生活，成人依其需要，運用各種方法協助他們搭建意義之橋。

不過現在，舞台準備好了，珍妮出場。

2

教師擔任舞台經理

教師對遊戲的貢獻一向從硬體環境開始，也就是始於佈置舞台。從發展的角度而言，硬體知識最先出現。兒童需要有形的物質世界，東西（It）比自我（I）及他人（Thou）更有份量（Hawkins, 1974, p. 48）。成人有責任安排環境，確保兒童有足夠的空間、材料、時間進行遊戲。

我現在要做什麼？幼兒是不問這種問題的。他們是行動派。

　　珍妮緊握著媽媽的手穿過喜樂園托兒所大門。門邊的矮牆上，沿著沙坑邊緣，有一組鋪馬路的漂亮設備。亮黃色的傾卸卡車、推土機、壓路機整齊地排在牆上。哪個三歲小娃兒能抗拒呢？這麼多沙等人挖呢！

　　杜而西抗拒不了。她從珍妮後面衝進大門，相中推土機，抓起來，跟全世界宣佈，「這是我的！」她砰地坐在沙坑裡，拿著推土機直接挖過馬可仕剛剛仔細挖了五分鐘的洞。「喂！」馬可仕生氣地說，揍她。她揍回去。

　　老師來了。蹲在兩人中間，問：「馬可仕，你想跟杜而西說什麼？」

　　但是珍妮對那些推土機、沙子或領土的爭執都沒興趣。她站在媽媽身邊吸著大拇指，對什麼東西都沒有特別興致。她的感覺「我真的想來這兒嗎？」對她來說，比環境中任何東西都迫切。

「要不要把外套脫掉，放到你的工作櫃？」珍妮的媽媽問她，希望珍妮會在屋子裡找到她想做的事。當然囉，櫃子旁邊有一組大型橡膠動物，依照傳統家庭角色分類為：爸爸、媽媽、小孩，展示在積木上方的架子裡。珍妮忘了她的外套，甚至於她的大拇指。「媽咪，你看，是小馬。」她很高興地說。她把小馬一家從架子上拿下來，跟它們一塊兒坐在積木堆裡。媽媽跟她道別時，她正把馬兒關在柵欄中。

　　這間托兒所的教職員花了很多心思佈置遊戲舞台。假如天氣許可的話，每天早晨的第一個鐘頭或是更長的時間，孩子可以選擇各式各樣的室內室外活動。今天的戶外活動包括：大沙角的卡車，兩個畫架上的顏料，各式附輪玩具，以及一個有滑梯的攀爬玩具。室內積木區則有許多動物跟小車子，供孩子搭配落地式積木。在一個充滿了枕頭的角落則有書與絨毛玩具，架子上還有不同的手工藝品，桌子上有麵粉、鹽巴、水和鮮豔的棕色粉彩製成的麵糰。用櫃子半區隔出的娃娃家提供了兒童尺寸的廚房與臥室家具，扮演用的男裝、女裝，各式雜貨，以及有趣的清潔用品和修繕工具。

　　為了安排環境，教職員非常認真地釐清**圖案－背景關係**。

釐清圖案──背景關係

　　還記得心理學課本裡，認知那章中，反覆出現的黑白圖像嗎？假如你視白色為圖案，黑色為背景，就是個花瓶。假如你視黑色為圖案，白色為背景，就是兩個對看的側影。在有趣的圖案（你所注視的）與背景（你注視之物的背景）關係的教學示範中，你的知覺持續改變。

　　知覺技巧經由重複的經驗緩慢地發展。對爬行的寶寶而言，深度是種新感官感覺；他得花些功夫才能體認出樓梯頂端是該停止爬行的邊緣。全家人開車出遊時，假如駕駛突然說：「看那隻鳥！」其他的成人可能看得到，小孩子則可能看不見。他們轉移焦點的速度還不夠快。兒童的經驗比成人少很多，他們看世界也比較沒有自信。即使是經驗豐富的成年人也可能被不熟悉的形狀給弄迷糊，或是被那些設計來迷惑人的圖形所迷惑。

　　遊戲需要選擇的能力。假如圖案－背景關係很明確，做決定就比較容易。「我今天能做什麼（在這個人很多的陌生地方，而且我媽咪馬上就要離開）？喔，我看見一匹馬。我喜歡馬。媽咪，你有沒有看見我的馬？……『媽咪，再見。』」

　　珍妮不用在玩具箱裡找小馬，也不必在一大堆她還不喜愛，甚至於還不認識的其他動物堆中找小馬。托兒所的教職員已經很仔細地將這些動物排好。動物們都跟自己的家人在一起，也都跟敵對的動物保持距離以免被咬。這匹小馬正是跟爸爸媽媽一起。

這樣的安排使珍妮易於集中注意力並下決定。她不想要很多很多的動物，她只要小馬一家。當她負責照顧他們，並開始在他們週圍建安全柵欄時，媽媽離開就不成問題了。孩童在遊戲時重現真實人生裡的各式關係及情感，並藉此得到操控感。兒童無法控制成人世界的大宇宙，但從他們的遊戲中所創造出的小世界、微宇宙，卻是由他們掌控的（Erikson, 1950）。這是採取主動的安全地方。

　　體貼的幼教老師整天都致力於澄清圖案－背景關係，當他們支持孩子解決問題時，當他們問有益的問題時，當他們撿黏土碎屑時，都是在做這件事。

　　黏土桌被忽略了一陣子，大部份孩子在屋外忙著，屋裡的孩子在玩扮演遊戲。終於有一群男孩衝進來玩超級英雄追逐戰，其中一個瞥見新的棕色黏土。

　　「看！嗯嗯。」他得意洋洋。其他的人都跟著起鬨：「臭臭」，「嗯嗯」，「臭臭，嗯嗯」想像力十足地喊叫。他們圍聚桌邊。「那真的是嗯嗯嗎？」馬修懷疑地問老師。

　　「你覺得呢？」他問。「你要怎麼判斷呢？」

　　「臭便便！臭臭便便！」布萊得重複唱著。但馬修不理布萊得，他真的很好奇。「我覺得你不會把便便放桌上，」他下了決定，「我想那是黏土。」他坐下來並試著去摸。

「噁心！臭臭便便！」布萊得大喊，試圖繼續他那迷人的主題，但是失敗了。老師忽視他的衛生談話，其他孩子則因好奇而玩，接著就被玩黏土的快樂所吸引。黏土桌又來了兩個男孩跟馬修一起玩。布萊得晃到別處去找別的事做。

馬修、查克跟華倫沉浸在黏土跟餐刀中十分鐘，話題很快轉到餅乾及甜甜圈。老師跟男孩一起坐了幾分鐘，然後移到其他角落。

當老師回來時，男孩們已經離開了。布萊得從旁突襲，並引誘他們加入超級英雄的追逐，留下散落一桌的成品碎屑。一位學生觀察員正坐在附近，老師沿桌坐下，跟他講話。他們講話時老師隨手用黏土碎屑捏出薄煎餅。做了一大堆薄煎餅後，老師又開始把黏土屑屑揉成雪球狀。很快地，桌上出現一整排的黏土球。

卡蜜拉來了，「那些是怎麼做的呀？」老師示範給她看。卡蜜拉拿起刀子，開始把其中一個雪球切成片狀，變成薄煎餅。蘿絲來了，她也想做薄煎餅，可是只有一把刀子，「你用玉米麵包模作成薄煎餅好不好？」老師問她，一邊從架子上取下模子。「不做薄煎餅了，做玉米麵包。」蘿絲高興地說。許許多多的玉米麵包。

當還在打仗、上氣不接下氣的布萊得到達時，老師正在揉另一個球。布萊得好像已經忘了便便的事。他問：「你們在做什麼？」老師回答：「我在做球。」他挑釁地看了老師一眼，然後舉起拳頭，把球壓扁。老師很欣賞他的力氣跟創意，跟他說：「你做了一個薄煎餅。」

他真的照做。他伸手再拿另一顆球，壓扁它。他還想再要一個。於是老師教他怎麼做球。現在他們兩個都在搓黏土。

馬可仕來了。他把剩下的球都拿去堆雪人。他堆得那麼高，以至於他得把球擠壓在一起免得倒下來。然後他把一個薄煎餅往下拉，拉成香菇狀的帽子放在頂端，再請老師來欣賞。老師照辦。

這位老師走動時，習慣將秩序放入環境中。在他到黏土區之前，已經從地上撿起兩個娃娃，放回床上，掛好一頂消防帽，也花了幾分鐘將散落的積木上架。不過他的助教因他去撿積木而罵他：「那是孩子的工作。」

「是的，沒錯，」老師同意，「他們應該幫忙收拾，不過現在還是遊戲時間，而我希望他們能清楚地看見這兒有什麼可玩的。」

「可是你整理好了，他們又弄亂了。」助教抗議。

「我知道。那正是我去收拾的原因呀。」老師露齒而笑，一邊清理餅乾切刀上一些舊的、乾掉的黏土碎屑。

這位老師所做的正是不斷地重建明確的圖案－背景關係，自然地從混亂中創造出秩序，使孩子有機會明白各種可能性。他明白假如他們「弄亂」了（使用並改變）他所提供的，那他就已經成功地支持孩子的遊戲。他們的秩序跟他的秩序總是不一樣。而教室是他們的，不是他的，他負責佈置教室讓孩子去重新創造。

當天稍晚，老師與他的學生助教開會，他試著跟他們解釋他的想法，在貝絲有點賭氣地問了一個問題之後：「為什麼我們必須將每樣東西擺得那麼整齊，可是小孩子卻不必保持整齊？」

「我想做的是創造出對孩子有意義、合邏輯且有秩序的教材呈現。」老師慢慢地說，一邊思索這個問題，一邊選擇措詞，「假如他們知道在那兒可找到東西，就可以把精力集中在利用教材去遊戲。」

「可是他們破壞了秩序，」諾咪抗議。「今天早上我一定花了有十五分鐘在分類、歸位道具服裝，而且你知道他們最後是在哪兒結束的嗎？在院子樹下的角落，堆了一大堆在推車裡。全家打包，搬到墨西哥，那就是他們剛剛在玩的，而且幾乎娃娃家所有的東西都跟他們走了。我做的全是白工！」

「嘿，可是這個遊戲很棒。」約翰說，他曾經幫忙這群遷徙者把推車搬出大門，搬下陽台。「我有作筆記將他們講的話記錄下來，當他們到墨西哥時，祖父母來看他們，再直接去參加婚禮。諾咪，那些道具服裝的確都用到了。每個人都穿上他們所能找到的全部衣服。」

「他們破壞了你的秩序，諾咪，這樣他們才能轉換成他們自

己的。」老師說。「假如這是你家，你也許會選擇不讓他們這樣做（雖然那有可能成為家裡父母與子女間持續的抗爭）。但這兒不是家，而是孩子的托兒所。是屬於他們的地方，不是我們的。我們的職責是讓托兒所為孩子而運作。」

「當遊戲結束時看起來很亂，通常是我們已經成功的指標——證明孩子們充分運用教具去支持他們自己的『好棒的主意』（Duckworth, 1987），這種凌亂就好比在大廚的廚房或藝術家的工作室裡，創造出傑作之後剩下的。」

「就像我的書桌！」約翰說。

「有道理。」貝絲說，「可是我們變成了管家，對吧？我可不確定我喜歡當管家。」

「我在家裡是個爛管家，」老師說，「可是在托兒所，我得當個勤勞的管家，不然遊戲品質會惡化。成人要宏觀，要負責提供遊戲環境的整體秩序，而不是兒童。當兒童創造了新秩序，比方蓋了個積木塔，畫了一張圖，做了許多黏土玉米麵包，細心包裹一個洋娃娃，放在床上，周圍環境就會變得凌亂，像是滿地的積木、留在畫架上的畫、黏土碎屑、還有地板上的娃娃包巾。所以，就如同你們已經注意到的，孩子在玩的時候，我會大量且低調地撿東西、收東西。」

「你們記得我們曾經討論過的關於開放式與封閉式教具之間的不同嗎？開放式教具可以用各種方式結合、再結合，只受限於想像力。孩子玩拼圖這種封閉式教具時，得要照拼圖的正確秩序將圖片放在一起。但是當孩子對自己發明的秩序感到滿意，開放式的工作就算完成了。」

「收玩具時間，我們重建我們的秩序，但那是在遊戲時間結

束之後。我們維持秩序的目的是幫助孩子開始並專心玩遊戲，而開始玩與專心玩這二者都仰賴太複雜與不夠複雜之間的平衡。你們今天早上有沒有看到珍妮？對她而言，動物依家族分類的平衡剛剛好。謝謝你，約翰，你將那些動物擺設得這麼好，讓她能發覺到許多可能性，並開始玩，如果他們都堆在玩具箱裡，她就沒法這麼玩了。假如他們是拼圖的圖片，我也不覺得她玩得下去。珍妮的媽媽要離開，她已經很焦慮了，她不需要再去體驗試做封閉式教具可能會產生的焦慮。具備暗示性秩序的開放教具，那種不必被維持的成人的秩序，留給遊戲的孩子最多的空間去創造自己的想法。」

提供足夠的道具

　　二街小學有兩班托兒班，他們跟一班幼稚園生共用一個大柏油路遊戲場。初秋時節，有一位觀察員開始定期來造訪，很明顯地，三個班的老師對教室佈置都有了既定的想法，但還沒考慮到共享的戶外空間。

　　九月
　　戶外有三十個三、四歲孩子。固定的設備包括四個蹺蹺板和幾個攀爬架及溜滑梯。下面有一大片沙與唯一的飛盤。孩子們在攀爬、溜滑梯、盪蹺蹺板，排隊等

著盪鞦韆、奔跑、丟沙子。四個孩子在玩飛盤。三個男孩在沙子裡摔角。柏油路面上漆了腳踏車道，有幾個孩子正繞著車道跑。有個男孩發現用腳後跟敲滑梯，會發出很大的鼓聲，但遭到大人制止。

一個女孩跑步跌倒，膝蓋擦傷，哭得很大聲。「她為什麼哭？」一個大人問另一個大人。答案歸咎於「她用跑的」。

觀察員見到這群因為無所事事而不快樂、不安全的孩子，覺得很不舒服。她認為場上唯一有想像力的是她稱之為「跑帶躲」的遊戲。遊戲成員是兩個小男孩，他們先躲在樹叢中，然後跑過轉角，再沿著場邊有屋頂的通道跑。大人完全看不見他倆。他們消失、出現。在他倆因這個非法遊戲被逮之前，他們玩了好一陣子。

孩子們在外面待不到二十五分鐘時，有些孩子問可不可以進去吃中飯。但是午餐時間還沒到。「我可以把門打破。」觀察員聽見一個男孩跟他的表情夠驚訝的朋友們這樣說。幾個在陽台等的孩子開始奔跑，直到一位老師來整隊帶他們進去。

十月上旬

三個班都在外面，全部至少有四十五個孩子。老師拿來腳踏車跟輪圈。許多孩子等著輪流。不時傳來

「老師」的抱怨聲。風很大，陽台及樹下的泥土覆滿了樹葉。

　　再次造訪的觀察員已預見每個人又會有個充滿挫折的早晨。經由托兒所教師一起舉辦的週座談會，她已有機會認識他們，因此她決定冒險，踰越觀察員的合宜行為。問其中一位教師：「可否容我從教室積木角拿一些箱子跟動物出來？」那位老師很驚訝但又好奇，考慮了一下，同意她的點子。

　　觀察員把箱子放在走廊，在一個箱子中立一些動物，再把其他的動物放在樹下的落葉中。「為什麼會有那些？」一個好奇的孩子問。「我猜他們可能會喜歡到外面的葉子裡面。」觀察員說。「我們可以跟他們玩嗎？」那個孩子問。然後他們就玩起來了，動物園、動物打架、把動物埋進葉子裡、騎腳踏車載動物兜風、在飲水台為動物洗澡。有幾個孩子特別沉浸在洗擦動物好長一段時間。

　　另一班托兒班裡一些富有冒險精神的孩子進教室拿他們的動物出來，另外還有幾台小汽車。啊！喔，這兩間教室的動物要混在一起了，觀察員想。也好，就來進行一次合作分類的活動吧，她又往下想。我們的動物，你們的動物。她跟另一位老師提出建議。她離開時，很好奇她下回來時會發生什麼事；或者，他

們還會不會歡迎她來呢？

十月下旬

　　觀察員顯然還受歡迎，回來再在另一班托兒班花些時間。團體時間過後，老師問孩子：「你們要帶什麼去外面玩？」「動物。」一個男孩說。然後他們照做了。

　　戶外，沙桌上裝滿了餵鳥用的飼料，而不是沙，以及許多互具。也有一箱互貝供孩子拿去攀爬架邊的沙坑玩。場上有腳踏車、手推車、高蹺、一顆球，還有落葉。路的另一端，托兒班老師已經將體操墊展開，靠著教室的牆壁鋪在陽台上，加上兩個花邊枕頭，一條薄被，還有一些娃娃，變成一張大床。老師這會兒正舒服地坐在床上曬太陽呢。一個女孩依偎著她，跟她說話；另外兩個女孩在哄娃娃上床睡覺。

　　飲水台又被用來幫動物洗澡。幾個孩子從沙那邊拿了些容器裝水，濕的沙比乾沙有用多了。當天早上稍晚時，一位老師拿了掃把、畚箕、跟垃圾桶到外頭，孩子們超愛使用這些用貝。有太多的落葉需要清掃。

　　這天早上，有這樣多事情好做，也有成人關照著遊戲，戶外遊戲持續了一個小時，沒有人問是不是該進教室了。每個人都忘了注意時間，事實上，等一位老師注意到時間，她非常驚訝，竟然已經是午餐時間了。

　　教職員已經準備好一個允許各式遊戲、語言充分發揮的戶外場地。老師准許孩子協助創造環境——將他們認為他們需要用到的東西拿出來，而且還可以再進教室拿更多。允許孩子玩水、潑水，結合、再結合各式教具，噪音、以各種方式移動自己的身體、甚至在飲水台上洗沾了沙的動物（這個行為可能已經違反了校規，但沒人想提出檢舉）。沒有人受傷、喊叫「老師」的頻率也減少了。不論是對兒童或成人，這個環境過去一直運作地不太成功，但經過添加道具之後，老師已成功地將環境轉變成大家都覺得既有趣又好玩。

　　遊戲需要大量的道具〔雖然很會玩想像遊戲的孩子所需的道具比初學者少得多（Smilansky & Shefatya, 1990, pp. 55, 72）〕。無所事事的孩子會傷害自己、傷害別人，會以各種有創意的方式犯規，會焦躁不安，或是變得有氣無力。成人則發覺自己變成在維持秩序而不是在支持遊戲。有了許多「凌散的部分」（Nicholson, 1974），就可以將它們結合、再結合，並支持及創造出複雜的遊戲劇本，遊戲便得以生生不息。

　　在上述托兒班的例子中，即使是早已知道零散部份的理論的觀察員，也非常訝異於附加的道具竟會造成那麼大的差別。老師們原本以為搬東西出去的工作太重，但是孩子們很樂意幫忙，而且他們心中早已有了定見，老師一問他們就能說出該搬哪些東西出去才好玩。一旦孩子有足夠的事情可做，監督他們遊戲就變得既輕鬆又有趣。教職員不再維護秩序，而變成現場舞台的道具經理，出品一流的戲劇。

提供足夠的時間

　　舞台經理關心時間、空間，也關心道具。場景更換越多，出入口越多，經理的工作就越繁重。就如戲院裡的戲一樣，幼兒課程的結構與步調差異性也很大。不論是每天三小時的半天班課程或是十至十二小時的全日托，節奏均有可能是鬆散或緊湊、個人化或團體化。某些課程裡的教職員花很多時間安排、處理場景的變化。

　　小朋友托兒所，離二街小學不遠，是一間教會托兒所。該所的三個班級得照表輪流使用幾個共同的空間：樓下跟戶外的一個小遊戲場，樓上的大體能教室（傍晚也權充社區娛樂中心），以及走廊末端的廁所（這間廁所也供在教會辦公室及會議室工作的成人使用）。孩子們必須排隊在這些場所之間移動，才能確保行經走廊時行為與秩序良好。為了要利用場地，所以每天的課表都很緊湊。

　　遵照該課程的哲學，團體時間比遊戲時間更受重視。一天當中只有用餐時間跟團圓分享時間不需要匆匆忙忙，團圓分享是由成人跟孩子坐在一起，鼓勵他們說話。遊戲時間通常只有半小時，接著就收玩具。孩子每天可自由嬉戲的時間不到三分之一。

　　喜橡園托兒所的課程表則很不一樣。孩子每天有四個完整的長時段，可自由地開始或結束他們自己的活動。硬體空間使課表變得很容易：教室裡有廁所，也有路直通戶外，因此孩子得以獨

立上廁所，也能自在地進出室內室外。除此之外，本課表亦反映出教職員有意識地盡力提供孩子輕鬆的步調，而且除非必要，不去打擾孩子。孩子每天自在玩耍的時間超過半天。

　　早上及下午的點心均可自由選擇，每天供應半小時或更久，一直到所有感興趣的孩子都吃到為止。比方在小朋友托兒所，團體時間的作用是讓空間的轉換更順暢，不過一旦孩子們在某個空間裡，他們就有一、二個小時可以自由選擇。中午時間很長，孩子在這段時間內不行選擇，得要收玩具、吃午餐、睡午覺，都是計畫好的。早上跟下午的教職員會同時出現，以提供每個孩子個別的注意，並儘可能地有彈性。

　　喜橡園托兒所採用「托兒所像優質家園」的理想（Prescott, 1978），重視孩子所經歷的時間甚於將時間制度化所造成的便利。小朋友托兒所則是相反，採取的方式就如同沙潤斯基（Suransky, 1982）在《受侵蝕的童年中》（*The Erosion of Childhood*）所描述的那樣。

　　　　讓孩子完成他所從事的活動這個概念，從屬於課程計畫表的強制本質，所謂的課程計畫表，是教師預先計畫孩子的經驗。藉著嚴格的組織架構，切割上午的時間，否定孩子們有可能進行連續、不間斷的活動，並自然地結束。然而，教職員都相信這個結構有效率（的確如此），而且是為了讓小孩有安全感和一致性。雖然孩子們看起來的確是從嚴格僵化的時間衍生出了安全，可是，很明顯地，他們變得依賴這個結構，而對任何的偏離覺得不舒服（p. 61）。

　　很明顯地，處理時間的方式很多。有些方法回應了幼童多變的步伐，以及人與人間步伐的廣大差異。這些方法支持孩子的自主權，因此孩子可藉由大量、不間斷的遊戲培養出自動自發的習慣。有的方式則是時鐘控制法與團體對焦法，企圖把全部孩童聚在一起。孩子在這種課程中的確有機會練習那些他們日後上公立小學時會發現的限制，但是練習成為自動自發的孩子的機會，卻是太有限了，而自動自發正是三至五歲孩子能力發展的挑戰。

　　同步性，確切地說，一致的時間，是工業社會的基本特色之一（Toffler, 1980）。時鐘主宰了教室校園，並不是歷史的偶然，有些幼稚園每天以月曆活動展開序幕。但隨著社會由僵化的生產線，進步到因電腦化而產生許多可能的彈性，我們應該提供給孩子鼓勵探索與自動自發的學校教育，而不是鼓勵他們絕對服從時鐘跟月曆。

　　在穩定的社會中，服從是種美德，因為不會常發生意料之外的事。但是在快速變動的社會中，孩子需要更多自信去面對，並解決新難題。孩子在處理物質世界與人際關係時，常遇到大大小小的難題，老師可以協助他們逐漸變成獨立解決問題的高手。

③

教師擔任斡旋者

「現在，如果你跟朋友之間有麻煩，要怎麼辦呢？」老師面帶微笑地問，她在跟全班複習幼稚園的規則。

「告訴老師。」一個男孩自告奮勇回答。

「答對了。」老師贊成。「直接來找高登小姐，她會幫你們。沒有我幫忙，不要自己試著做。老師來這兒就是要幫小朋友順利地交朋友以及互相合作。」

可以想見，這間教室會常聽見呼喊「老師」的聲音，孩子們依賴老師為他們解決問題。這種教學觀教孩子信賴樂於助人的成人，依賴他們解決困難。相反地，幼教老師的目標若是要發展獨自解決困難的技能，有時會採取自由放任的教學觀。「別找我，自己想辦法。」更有效率的方式是利用示範及解釋解決問題的技能，讓孩子可以自行練習，亦即教師扮演斡旋者的角色。

教導解決衝突的技能

遊戲中的幼兒常以無法自行解決的方式起衝突。彼此想法不同、互相擋路；有時候會出現爆炸性的結果。為了保護幼兒，也為了藉由過程教導他們可獨立使用以解決彼此爭端的技巧，成人

的中介斡旋是必要的。

在第二章喜橡園托兒所的例子中，杜而西遇見一台挖土機。「我的。」她宣佈。但她不是沙坑中唯一的工人。挖土時，她把馬可仕的版圖——他仔細挖的洞——變成自己的土地，而且剷平了一部分的土地。學前幼兒常這樣，專注於自己的遊戲，沒注意到自己入侵了他人的領土。馬可仕注意到了，他揍杜而西。杜而西既驚訝又生氣，打回去。

實習老師約翰看見他們，他心中閃過一連串的反應。「不可以打女生。」他爸爸會這麼說，但是我們在托兒所可不這麼說。約翰以前工作的托兒中心會以罰坐來處理，但是誰該罰坐呢？他不確定，是馬可仕？杜而西？還是兩個一起？這兒沒人使用「罰坐」，那，我該說什麼？我們不打架，用講的。然後他們會怎麼做？

當約翰還在思索，也目睹該起事端的老師介入了。

> 「馬可仕，你想跟杜而西說什麼？」他問，在兩人間蹲下。馬可仕在哭，杜而西打得很重。杜而西被激怒了，因為老師擋住她挖土機的路，是個比馬可仕更難克服的障礙。
>
> 「我不喜歡她，她是笨蛋。」馬可仕哭著說。
>
> 「你在生杜而西的氣。你能不能告訴她，她做了什麼惹你生氣？」
>
> 「她打我。」馬可仕傷心地說。
>
> 「你先打我的。」杜而西理智地說。

　　「馬可仕，你有沒有打杜而西？」老師問。他點頭。

　　「為什麼？」

　　「我的洞！」他哀號，遊戲突然被侵犯的回憶瞬間比它肩上的痛點疼許多。「她弄壞了我的洞。」他又想再打杜而西。

　　「什麼洞？」杜而西問，真正給弄迷糊了。「我才沒弄壞什麼洞。」

　　「你能不能把你的洞指給杜而西看？馬可仕？」老師問。他當然可以。

　　「在這兒，」他大吼，「就是這兒，我挖了又挖……」

　　「杜而西，馬可仕真的很心疼他的洞，」老師解釋，「你認為你可不可以幫他修好？」

　　杜而西用力地點頭，抓起她的挖土機。

　　「不！」馬可仕說，「不行用挖土機！」

　　「你要不要自己把洞修好？馬可仕？」老師問。他點頭表示要。「哪你能不能告訴杜而西，她可以在那兒開挖土機而不會再弄壞你的洞？」

　　馬可仕用他伸長的手臂大概畫了一個大圈。杜而西遵從指示，開走挖土機。馬可仕揮舞他的鏟子，然後他那非常重要的洞又開始現形了。

　　藉著將焦點集中在遊戲內容而不是聚焦於規範（我們不打人），老師對兩位孩子的意圖表示尊重。他運用語詞幫助他們解決實際的問題本質，並得以持續原來的遊戲。遊戲為此時的重頭戲，解決問題的策略應以繼續遊戲為優先考慮。相反地，停止遊戲，自己罰坐，反省行為——毀了遊戲，既沒有給孩子有用的策略去解決當下的問題，也無法解決接踵而至的問題。

　　老師剛剛在扮演斡旋者的角色時，問的是真誠的問題，以便孩子能用自己的語言和老師以及和別的孩子之間能進行有效的溝通。動物、孩子、還有國與國之間常因領土問題導致衝突。在這兒，杜而西甚至還沒注意到馬可仕的領土問題。他們都只是三歲孩子，馬可仕還沒學會怎麼告訴她。老師幫了他忙。藉著問：「你想跟杜而西說什麼？」他建議用語詞替代二個人的哭泣與攻擊。這些建議，輔以人身保護，為孩子建構了當他有需要時，可自己行使的全套本領。

　　　在領土爭端中，老師有技巧地使用明確有秩序的詞句，以及順序明確的材料，協助孩子看出圖案—背景關係：杜而西，這是馬可仕的洞。他很希望他的洞留在原地。你的馬路可不可以繞過他的洞？他會告訴你位置。

　　杜而西發現那很合理，她就繞道而行。她的挖土機喜歡繞道走。她不是故意弄壞馬可仕的洞，她只是不知道那邊有洞。

讓遊戲複雜化以維持其安全

　　調解完這次的紛爭，老師有時間去視察別的活動。她決定去瞧瞧教室裡的活動。她發現黏土桌沒有人，不過當他坐下來跟觀察員講話時，孩子開始加入他。老師在搓黏土球時，突然覺得奇怪，「為什麼蘿絲找不到刀子切她的黏土？沒錯，玉米麵包模是個好主意，可是，那些刀子在那兒？還有，馬修、查克、跟華倫呢？他們是我最後看見在黏土桌用刀子的人嗎？英雄們是不是帶了武器？」

　　　　老師去查看。他在美術用具旁找到男孩們跟刀子，男孩們是去拿線。華倫將線球一圈一圈地繞在褲腳上，讓刀子緊緊地附在上面，準備萬一有危險時可用。查克正努力掙扎要切斷華倫的線球，這樣才輪到他做一個像華倫的刀鞘。
　　　　「要不要幫忙？」老師問。
　　　　「要，」查克說，「從這兒切斷。」
　　　　老師從那兒切斷。「你們在做什麼？」他問。
　　　　「布萊得，他是薛瑞德，」馬修熱切地解釋。「他是壞人。大壞蛋。我們用刀子嚇他，他跑走了。（難怪布萊得在壓扁黏土，老師心想。）我們嚇他。嚇死

他了。不過他也許會回來。我們要準備好刀子等他。幫我把線切斷好嗎？這兒。」

「我打賭他一定很害怕，」老師說，「假如你們用那些真刀嚇他。要是我，我也會害怕。我覺得他不知道你們是假裝的。他做了什麼壞事？」

「他丟我們的甜甜圈！」馬修憤憤不平地說，「我們做甜甜圈，做甜甜圈，然後我們要吃了，然後他大叫便便，然後把它們丟在桌上，跑走。所以我們拿了刀子，好好地嚇唬他。我們嚇得他滿院子跑。不過，我們讓他逃走了。他跑得真快。我們讓他逃走了。」

「有沒有人看到你們帶著刀子追布萊得？」老師問，被這個意外發現嚇壞了，負責監督院子的成人在那兒呢？

「哦，我們把刀子藏起來了，」馬修為了使她安心，解釋著，「老師們不喜歡刀子。我們只給布萊得看到。而且，哦，他嚇成那樣。」

「真的害怕喔！」查克再確認一次。

「所以我們用線綁著，」華倫說，「那樣子藏得比較好。」

隱藏式武器，老師心想。這正是我們現在所需要的。「布萊得為什麼丟你們的甜甜圈？」他問。

「薛瑞德是壞蛋！」他們齊唱。「布萊得，他是

薛瑞德，而且他是壞蛋！」

　　「薛瑞德會不會是肚子餓呀？」老師很好奇。「你們覺得薛瑞德會不會是餓了，想要個甜甜圈，你們拿了所有的甜甜圈，他想要一個？」

　　「不，薛瑞德只是壞。」馬修堅持。

　　「我餓了，」查克說。「我們需要多點甜甜圈。走囉，忍者龜！」

　　「布萊得能不能也有些甜甜圈？」老師問。

　　「他可以當李奧納多，」馬修決定了，「他不再是薛瑞德。嗨，布萊得，你是李奧納多。要不要來個甜甜圈？我們在做甜甜圈。」

　　這次事件反映出卡爾森—皮耶與雷文（Carlsson-Paige and Levin, 1987）與帕莉（1984, 1988）雙方關於武裝遊戲的看法。假如老師見到布萊得被刀子威脅，即使是廚房鈍刀，他也會立即介入以確保大家安全。相反地，他錯過那部份的行動，無意間出現在黏土桌，去幫助被拒絕的布萊得，表達他的怒氣並為遊戲找到新焦點。

　　教室裡沒有武器作為遊戲道具，孩子們也知道老師不喜歡刀子，所以他們把刀子藏好。這次行動有很明顯的防衛意圖，沒有人有危險，當老師介入時，孩子們正忙著加工。作為中介斡旋者，他發現孩子更多的行動計畫，向他們展現他尊重此事的態度，並幫助他們擴充劇本。他提議薛瑞德也許餓了，一開始被馬修拒絕

了：「不，薛瑞德就是壞。」但這個建議與查克連上了線，他準備要做更多甜甜圈。馬修輸給這個好主意，他很有風度地認輸，並邀請布萊得回到他先前所拒絕的遊戲。刀子也都回到他們歸屬的地方──黏土桌。老師保持警戒防止他們再度失控。

帕莉（Paley, 1988）某次超凡式地介入隱形無名氏先生拒絕清理「娃娃家的碎片」事件結尾時，作以下評論：他們「樂死了，當我表現得很『識大體』時。」（p. 102）識大體也就是符合孩子劇本的規則。馬修的老師成功地抗拒了誘惑，拒絕使用成人眼中那種「識大體」強加於孩子身上：不要追逐，不要威脅他人，刀子留在桌上。藉著他的寬容耐心，遊戲本身及其複雜性得以存續，他也藉由真誠的問題增進孩子的了解（Paley, 1986b），而不是用道德勸說去羞辱孩子。教師在斡旋時並不只是管理行為，而是在教社交技巧並給予建議，讓遊戲更豐富。目標包括發展同理心與異質思考二者。

解決問題以維持遊戲

教師在孩子之間斡旋，也在單一孩子與那個有時很難處理的物質世界之間斡旋。繩子與鈍剪刀對學前幼兒也許就太難了，需要直接的協助。可是對那種因輪子卡在木板後面而拖不動車子的孩子，老師僅需指點問題之所在，然後留待孩子自行解決。大衛霍金斯（David Hawkins, 1974）曾以「完成迴路」描述此類協助。他提出一個電路分析。

　　想像那些必須完成的迴路。東西沿著一束通路出去，出事了，訊號從另一束通路回來，還伴隨有某種回饋。孩子無法每次都靠自己分類全部的回饋。兒童每次的學習，成人的功用就是提供一種外在的環狀路線，依照兒童自己的選擇與行動，提供篩選過的回饋。孩子的參與從成人那兒得到某種回應，然後接下來孩子會自己利用這回應。孩子就這樣一路經由成人的陪伴，一起影響週遭的人類與非人類世界，進而學著了解自己。

　　因此，教師的功能是診斷兒童的行為，並協助孩子產生他認為合適的反應，兒童在行為過程中，某個特定時刻所需的反應，以完成他正在進行的事情（p.53）。

經常有些時候，霍金斯明確指出，兒童是不需要外在環路的。但是：

　　當他們確實需要它（外在環路），而週遭無人可提供成人的迴響（共鳴），那他們就無法持續地研究、調查與探索、學習，因為他們需要幫助才能越過山丘，那是他們無法只靠自己克服的。假如得不到協助，該研究將逐漸減弱，而那特定的插曲，至少是沒有辦法達到它原本可能有的成就（p.54）。

兒童遊戲時，會遇到哪些「山丘」呢？成人應如何提供協助？

　　二街托兒中心為三歲兒童設置的戶外場地設備良好，有一個攀爬架、腳踏車、附設玩具的沙坑、一個玩具屋、以及一些牛奶板條箱。孩子們分別進行各式活動。一個女孩跟兩個男孩開始追逐遊戲。幾個孩子黏著老師。當老師繞院子散步時，他們牽著她的手，一個令人安心的存在。老師一邊友善地與孩子們說話，一邊幫忙清除腳踏車道上的壅塞。有短短一會兒，她拉一台拖車，上面坐了兩個小孩。「維多，你還好嗎？」她呼喊，朝他的方向前進，此時維多正大叫著穿過院子。她的訊息很一致：我在注意著，你可以告訴我你的感覺。

　　現在她在幫瑪瑞娜、愛柏妮、和安妮用板條箱籌設一個路邊攤，他們坐在那兒賣東西給行人——隨著遊戲發展，商品包含了去海邊及迪士尼的票，還有冰淇淋。當老師繼續前進時，助教來了。他們賣票給他，還找零。他幫他們重蓋板條箱，有兩個箱子已經垮了。

　　瑪瑞娜：敲、敲。

　　助教（搬另一個箱子）：喔，是敲敲門嗎？你們現在有門了。（瑪瑞娜給他方位，然後告訴他別的事）給我零錢好嗎？有沒有別的飲料？魯本來的時候，我可以叫住他，給他票。魯本，你可以在那邊停，拿票。

　　女孩們（對著魯本說，他騎著腳踏車）：魯本。

（他過來拿票，然後他們轉向瑞奇）瑞奇，要不要票？
（他快速通過，沒有停駐。）

　　助教：好的，這扇門是回那兒的嗎？你好嗎？

　　瑪瑞娜：很好。

　　路上車子變多了。一堆車經過──一個男孩騎腳踏車拉台拖車，拖車上有個女孩拉了台篷車，篷車上還有兩個男孩！聽到路邊攤的爭吵聲，助教反應：「不可以笑她。你賣你的票，她可以賣她的票。」一個男孩加入售票員的行列，衍生出關於地盤的爭執。助教告訴其中一位女孩：「跟他們說，是你先來的。」

　　不純熟的遊戲者，其中包含了許多三歲幼兒，需要協助以維持遊戲的重點，他們需要成人的觀念，體力──板條箱又大又重，以及爭吵時的斡旋調停。這位助教，以前常常說教（見第五章），正在學習參與遊戲以及在幫忙解決問題時，以維持遊戲為優先考量。藉由示範合宜的行為，他協助孩子繼續遊戲。當他退步又落入較不純熟的斡旋技巧時，教師就親自示範，為了孩子，也為他自己。

　　積木角提供了十二個大瓦楞紙箱──拆開的包裝盒──是自己蓋小房子的好材料。有一個小地方，幾

個三歲幼兒在那兒，有些在打架，而不是用言語溝通，通常是在爭地盤，有許多練習解決問題的機會。

助教（回應一場爭執）：維多，你對安迪做了什麼事？不要那樣。（安迪不滿意，跑去找老師。）

老師（抱抱安迪）：安迪不喜歡那樣，維多。他很生氣。你那樣做傷害了他。（對安迪說）去喝點水。

魯本（在娃娃家，幾經掙扎，穿好一件洋裝）：老師，看這。

老師：喔，老天，你真是漂亮。看這件新洋裝。（聽見從紙箱房子傳來哭聲）告訴傑瑞你需要拿回毯子。安妮需要拿回她的毯子，傑瑞。（對安迪，他剛穿上一條花裙）你穿了新衣服。

老師安撫了安妮，安妮一直跟著她。她幫安妮安排個自己的新空間，給她一隻絨毛兔子及一條毯子。當瑪瑞娜過來玩時，老師向她說明：「這兒是門。敲、敲、敲。我可以進來嗎？」

這個早晨，兩個成人都很能玩。他們給孩子關於遊戲的材料與觀念；以及關於彼此應如何相處的資訊，不過他們是以共同遊戲者的身分這樣做，而不是板起老師的樣子去規定。當成人依著孩子原來的劇本進行幹旋時，就可以幫助孩子維持遊戲。

這些是剛進托兒所的三歲幼兒。他們剛開始也是最主要的事，

是去探索硬體環境，從一些成功的初步嘗試進步爲持久的扮演遊戲。在這兒，他們需要，也得到許多認真工作的成年人的協助。在剛開始的這一年，持續的介入似乎是不可避免的，成人有責任協助兒童學習：如何玩玩具，如何和別人一起玩——學習社會化，適應托兒所的文化。並且也是再次向兒童保證，這是個安全可待的地方，有關心他們的成年人。

4

教師扮演遊戲者

成人應該在什麼時候參與兒童的遊戲？本書第三章中所描述的那些在三歲幼兒班工作的成人，進出兒童的遊戲，藉以示範並居中斡旋。他們扮演建築師的幫手、路邊攤的顧客、新流行的仰慕者、以及敲門的訪客。他們利用這些角色，回應兒童的想法，協助維持遊戲。

打電話給米奇

喜橡園托兒中心，有一位老師利用想像的角色扮演，解決了一個假扮主婦的孩子遇到的真實困難。

老師走進娃娃家時，寶拉告訴他，烤箱的門關不上。

老師：打電話找人來修理。

寶拉（拿著電話）：電話幾號？

老師（當寶拉撥電話時，一次講一個號碼）：282-4761。

寶拉（對著電話）：你能不能來修理我們的烤箱？他說可以。

老師：他收費多少？

寶拉：你收費多少？（跟老師說）一千五百元。

老師：一千五百元？哦，不，告訴他不行。打電話給米奇。

寶拉：電話幾號？

老師：792-3594。

寶拉（對著電話）：米奇，你能來幫我們修烤箱嗎？（告訴老師）他說可以。

老師：他要來嗎？收費多少？

寶拉：三元。

老師：好多了。（亞倫進入娃娃家。）你是米奇嗎？

亞倫：是的。

　　成人在決定自己是否應該參與兒童的遊戲時，要考慮兒童所需要的挑戰，他們維持遊戲的技巧，以及老師自己所偏好的教學形式。有些老練的老師認為成人應位於遊戲之外。有些則伺機增加材料或提供意見。有些老師常常加入，他們喜歡遊戲，他們認為他們參與遊戲既可以跟兒童建立關係，又可豐富遊戲的內容。

別讓寶寶死掉

下面的事件，這個托兒所有一個經常使用的醫療箱道具。幾個星期前老師很積極參與醫院的遊戲，幫忙莎拉使用心肺復甦術 CPR 救醒她的娃娃——泡泡。今天娃娃們又生病了。

莎拉一開始就解釋：「泡泡生病了，她弟弟豆莢也病了。這是唯一健康的女孩，叫海瑟。」當莎拉蓋空心積木時，莉亞及莉亞娜去娃娃家拿來很多毯子。她拿了塑膠燙衣板，之前曾用來充作泡泡的手術台。

莉亞：我們為她拿了個枕頭。

莎拉：我得把她放進我安全的房子。

莉亞娜：許多為寶寶工作的人都有這個。他們檢查她的心臟。用貼片。

莎拉：她有CPR。她的心臟跳太快。她也許會吐。

喬瑟夫（非常嚴肅地）：我覺得你的寶寶好不了了，她快上天堂了。

莎拉（微笑）：我知道！

喬瑟夫：我看到她身上有一個大傷口。

莎拉：我想我們兩個寶寶都會死。

老師：那就太令人傷心了。

崔維斯：別讓寶寶死掉。

莉亞娜：我們不該讓莎拉的寶寶死掉。那會使她很傷心。

老師：那另一個寶寶呢？

莉亞娜：我們也該試著不讓那個死掉。我在做些事情。（她用一張紙包了針筒跟一些醫療用具。）

莎拉：她的傷口比我們想的還大。

莉亞娜：我在包裹手術敷料。

老師：手術時間是？

莎拉：吃過點心動手術。

老師：她會好起來嗎？

莎拉：是的。

（琳達陶哲生，老師／觀察員）

　　老師早期以外科醫生身分參與時，曾介紹心肺復甦術 CPR。今天她觀察到 CPR 變成一個症狀，而非治療法時，並未加以評論。不過，當莎拉似乎很高興寶寶快死時，她卻有了評論。「那就太令人傷心了。」她說。孩子們接收到她的關切，而投注全力去治療。因為孩子們已習慣她以共同遊戲者的身分參與，他們將該關切視為醫療同仁或家人對寶寶的關切，而不是冒昧的成人告訴他們此時該怎麼感受。

在佛地科逛街

　　二街托兒所這位老師很喜歡跟孩子玩。她已經學到不要做得過火，不過有時候她會以舞台經理及演員的身分加入，以鼓勵孩子精進他們自發的扮演遊戲。這個插曲始於團體時間的某次討論。

　　老師：昨天尤蓮達跟盧茲玩「在佛地科逛街」的遊戲。不知道今天有沒有更多人想玩「在佛地科逛街」？這家店很大，可以容納很多人。逛街時需要什麼？我們來列張清單。（她已經在牆上貼了一大張紙，將孩子們的建議寫在上面。）

　　尤蓮達：我帶皮包。

　　盧茲：我也是。

　　老師：你們昨天打扮得很漂亮。我看到你穿紫色洋裝。

　　尤蓮達：還有高跟鞋。

　　老師：還有高跟鞋。男生也逛佛地科嗎？

　　盧茲：不。只有媽媽們才逛。

　　班：我爸爸會去那家店。媽媽留在家裡。

老師：男生在那家店工作嗎？

穆漢米德：他們把東西放進袋子裡。

老師：所以我們店裡需要袋子。我們還需要什麼？

莎拉：麵包。

盧茲：柳橙，還有牛奶。

老師：我要寫雜貨。我們通稱店裡的食物叫雜貨。

班：購物籃。

尤蓮達：我媽媽買過一些盤子。

老師：她用什麼付款？

尤蓮達：小姐給了她一些錢。

老師：人們帶錢去商店。有時候也會找錢給他們。今天我要當店經理，這樣很多人可以玩。再過五分鐘店就開了。假如你們想來買東西，快去打扮。在錢包裡放點錢。假如想在店裡工作，來幫我整理店面。

　　五分鐘後，老師領著全班倒數：「五、四、三、二、一……開店了。」

　　尤蓮達，穿著高跟鞋，紫洋裝，肩上背個袋子，早就在排隊了，非常喜歡她找到用來當錢的銀色方形紙。她拿一個購物籃，先走向一個櫃子，在櫃子上拿幾個盤子放在籃裡。然後她閒逛到一個擺了許多塑膠食物的桌子。她加了些在籃子裡。盧茲遞給她一個蛋，她小心地塞進去。她花了好一會兒，試著找個位置放穩一個麵包。

把肩上的袋子拉高，她繼續向結帳收銀台走，老師安排了瘦漢米德在那兒並提供大紙袋。他把尤蓮達籃子裡的東西倒在地板上，再一樣一樣把裡頭的東西放進袋子裡。她優雅地等著。

班負責收銀機，經理／老師正在督促並問他，「你的錢呢？」尤蓮達拿出一把銀色紙鈔給班。他按了收銀機的鈴並把錢退回去。

尤蓮達愉快地說「謝謝」，帶著滿滿的袋子回家。

在老師的主導下，孩子們從遊戲中學到什麼呢？他們的逛街劇本擴充為包含列清單、錢、購物袋、以及男性演員，這些原劇本都沒有。這些主意是老師介紹的，因為她覺得那是好主意。這天早上的遊戲，她取走了孩子手上的主導權。

不過，這招的確奏效，因為這位老師是真的愛玩。她能正確感覺孩子的興趣與能力，也跟孩子有輕鬆愉快的關係，他們不怕她，也喜歡她參加。她幫助他們覺得重要。她的加入讓孩子可以歇息一天，不必花力氣發明劇本、協商衝突、解決人與人之間的問題。假如她每天都用這種方法組織課程，孩子們就會錯失許多重要的學習機會。她沒有；第二天，商店遊戲又變成他們的。幾個星期之後，逛街的劇本還是由孩子們自動自發地執行著。

野　餐

　　喜橡園托兒所有位老師這樣描述他班上的幼兒：這群三歲小娃兒快變成「群居動物」了，因此，他決定要用一個新觀念帶領扮演遊戲並鼓勵孩子加入他。他希望孩子們隔天就會自己玩，而他則有時間去積木角或拼圖區，鼓勵更多孩子去那邊。但他發現，他的出現吸引了孩子一直跟著他，所以他這個方法是經過一番考慮的。

> 　　天氣涼爽，但有陽光。點心時間，孩子們在閒話家常。老師也利用這個時間跟孩子建議遊戲時間他們有的各種選擇。「我會在遊戲屋角，我會把後門打開。我們很久沒野餐了。有些寶寶也許想去野餐──不過今天很冷，所以他們需要衣服。」
>
> 　　有好一會兒，幾乎所有的孩子都對新黏土比野餐感興趣。不過後來德瑞克想起來了，他問老師，然後他們討論需要什麼。
>
> 　　老師：你拿藍色毯子好嗎？（他拿了。）現在，我們還需要拿什麼去外面？
>
> 　　德瑞克：杯子。
>
> 　　老師：杯子，還有……

德瑞克：我們吃餅乾。我們得做餅乾。

老師：你記得杯子在哪嗎？（他記得。安東尼跑來加入他們。）安東尼，想不想加入我們的野餐？（安東尼快樂地點頭。）我們還需要什麼？

德瑞克：飲料。熱狗。我要做些熱狗。

老師：安東尼，要不要帶些寶寶出來？（他照做。）

德瑞克：我找不到熱狗。

茱莉在外頭拿了把掃把，她在掃毯子四周，毯子則放在門外的小迴廊上。

老師：嗨，卡洛斯。要不要也帶你的寶寶來野餐？寶寶需不需要衣服？

安東尼與卡洛斯：不。不需要衣服。

卡洛斯：我把寶寶放下來。

安東尼：我的寶寶要睡了。

卡洛斯：我要帶寶寶去廁所。（他去了。德瑞克已經去外面，留下一鍋「熱狗」在爐子上。）

老師：沒有東西燒焦吧，對不對？我該去檢查一下嗎？（德瑞克去檢查爐子上的鍋子。）

德瑞克（攪拌鍋子）：滋呀，滋呀，滋。煮好了！煮好了！大家一起來。我去拿吸管。

安東尼：我要給自己倒些水。（孩子、寶寶、和

> 老師都坐在毯子上準備野餐。）
>
> 　　茱莉：寶寶哭了，各位。
>
> 　　卡洛斯：我知道。

　　孩子們延遲回應了老師的野餐想法，就像他們常有的反應。成人有餘力丟出想法，等著看會發生什麼事；他們有更多的點子。孩子遲早會回應那些與他們有關聯的想法。

　　野餐是德瑞克熟悉的遊戲劇本，引起他的興趣並跑來跟老師一起玩。安東尼、卡洛斯、和茱莉可能不是被野餐的預期展望所吸引，而是被出現在遊戲屋的老師或德瑞克所吸引。有許多開始遊戲的好時機。

能不能為這位女士照 X 光？

　　其他老師在跟來自於不同文化的孩子遊戲時，有計畫地採取主動，教導他們代表學校文化的遊戲劇本，以便協助他們完成雙語或雙文化的任務。這位老師與澳洲中部的原住民學齡兒童一起工作，她親自參與社會扮演遊戲以示範語言及角色。

　　遊戲區被設置為醫療門診部。老師扮演護士；孩子們則演醫生、病人、及 X 光技師。

　　護士（老師）：請你來看一下這位病人好嗎？

　　醫生：什麼問題？

　　病人：我的手臂斷了。

　　醫生（拿著電話）：鈴、鈴。

　　X 光：喂。

　　醫生：ㄜ──我要說什麼？

　　護士：就問能不能為這位女士照 X 光。

　　醫生：X 光準備好照下位女士了嗎？

　　X 光：什麼？

　　醫生：X 光那還能不能為下位女士照 X 光？

　　這群孩子跟老師……才剛參觀過中澳洲原住民代表大會醫療中心，觀察並跟那兒的醫生、護士、接待人員聊過。當孩子們開始角色扮演時，他們對醫療環境知道很多，但他們需要一些幫忙，給他們一些字、詞以連結他們觀察與討論過的行為（Sparrow, 1988, pp. 233-234, 236）。

　　孩子來自一個有自己傳統治療方式的文化，比起那些為泡泡及豆莢計畫手術的孩子，他們得跨越更長的橋才能進入西方醫藥

的奧秘。透過遊戲，兒童開始了解他們即將要進入的成長環境與文化中的各種奧秘。

扮演護士的那位老師接受的養成教育是小學階段，通常小學老師不跟孩子玩。但是在她工作的公立學校，遊戲「不是學校老師與孩子認真工作的邊界。遊戲不只是提供較有組織的教室工作外的自發性插曲。」（Sparrow, 1988, p. 234）。遊戲反而是幼稚園／小學語言課程的基礎。

> 藉由親自參與該遊戲不同的層面，這位老師協助孩子了解互動時的角色需求，包含行為跟語言雙方面……。在這個主題進行的三到四週期間，隨著遊戲越來越複雜，老師只需要提供某些特定的建議；接近主題尾聲時，她根本就不再介入（Sparrow, 1988, p. 236）。

爲什麼老師要玩遊戲？

有些老師會爲了自己或孩子的樂趣，自動加入遊戲。他們接收孩子的暗示，彼此之間的關係是相互依存的。其他老師則刻意爲了教學目的而利用遊戲。存在於老師成爲遊戲者角色的危險是成人會取代兒童而主導遊戲，遊戲不再是孩子的了，而另一個危險則是可能會吸引孩子尋求成人的注意。

什麼時候最適合冒這個險？我們相信是在一開始時，當孩子在學校環境中仍然缺乏遊戲的點子時，以及／或是當他們缺乏玩

教材還有跟同伴一起玩的技巧時。開始分好幾種，包括三歲幼兒剛進托兒所，或是剛進入與自己家庭文化不同的學校文化。

　　野餐的後續事件就跟第三章末所描述的板條箱、紙箱的遊戲事件一樣，是成人參與剛入學的三歲幼兒的遊戲。他們的目標是要讓遊戲開始，給孩子觀念與技巧，讓他們加進自己的戲碼中。當孩子變成比較能幹的遊戲者，成人就可以少玩一點，有時間做較深入的觀察與評鑑。

　　假如孩子們上學時對校方的材料、語言或遊戲劇本不熟悉，老師們可能就需要跟孩子一起進入遊戲，為孩子建立由家庭文化通往學校文化的橋樑。孩子處理材料能力的增加並不是經由指導式的練習，而是透過探索式的遊戲。他們口語能力的增強是經過自發地探索口語的聲音和其溝通的潛能。透過遊戲，他們強化了與家庭及鄰近地區相關的劇本能力。對幼兒而言，在校能力是從遊戲中學來的。「能不能為這位女士照X光」的「精選情境對話」是一次老師－孩子的互動，設計要引導原住民兒童適應澳洲學校語言，藉以重新創造母親與孩子之間的非正式性對話（Sparrow, 1988）。同樣地，在與以色列移民孩子工作時，斯姆藍斯基（Smilansky, 1968）也曾參與遊戲，為的是教他們適合於以色列托兒所的扮演遊戲劇本。

　　橋樑是由雙方建立的。教師採取主動也是很重要的，以便更加熟悉孩子家庭文化中的材料、語言、及重大事件，將他們介紹到學校活動中——不只是在特殊場合，而是當作日常遊戲環境的一部分。所有的孩子應該同時接觸熟悉以及新的文化模式；因此，為那些經驗與傳統學校教育最符合的中產階級白人小孩執行反偏見課程是很重要的（Derman-Sparks & A.B.C. Task Force, 1989）。

在這樣做的過程中，老師與孩子都會發現自己面臨了要學新遊戲
劇本的挑戰。

　　有些老師偏好提供環境以改變扮演遊戲主題，但他們有意識
地決定自己置身於遊戲之外。「假如我玩雜貨店，孩子會因我在
那兒而過來，」一位幼稚園老師說，「我希望他們來是因為遊戲
本身對他們有意義。」相反地，玩野餐的那位老師很願意用他的
出現作為一開始吸引三歲孩子的力量，並相信遊戲本身將會取得
主導地位。

5

中斷遊戲的教師行為

　　不可避免地，某些遊戲會被成人打斷。有些干擾是無心的，由於成人沒有很留心劇本。有些則是刻意的，成人心中有別的事想做，認爲那該比遊戲重要。教師身爲幹旋者與遊戲者均冒有中斷遊戲的風險——接手遊戲，或爲了教某件他們更重視的事而完全摧毀遊戲。教師關心遊戲的存續，就得調整自己的介入，以符合孩子遊戲中的劇本。

　　孩子的扮演遊戲是一種形式的即興劇場，劇本來自他們的想像與真實的生活經驗。即席創作時，孩子們常打斷彼此的劇本，這是教師常被召喚去幹旋的原因之一。有時，在合作式的扮演遊戲中，這些干擾行爲發生於當遊戲者發現：彼此的劇本版本不同。這時，他們可能會暫時脫離角色，爭論觀點；例如，「我們不需要兩個公車司機，沒有公車有兩個司機！」（Smilansky & Shefat-ya, 1990, p. 23）。不過孩子們溝通時是以同儕的身分；然而，假使有個無所不知的成人過來，以他那個版本的劇本來導正遊戲的話，他很輕易就會奪走孩子的自主權。

爲自己的樂趣而干擾遊戲

　　新手教師或重新評估自己教學的老師可能會在不同的時點，嘗試不一樣的教學方法，看看會發生什麼事。比方說這兒有兩組不同系列的「貓咪」遊戲，是同一批孩子在不同日子玩的。第一次，老師只看，做筆記。

茱莉與凱蒂在積木角喵喵叫。德瑞克進來，放下綠色塑膠燉鍋，說，「這兒有牛奶。」凱蒂與茱莉爬過來，低下頭，不過茱莉推了一下下，把鍋子變成她的。德瑞克回到碗櫃，再拿兩個鍋子，叫她們過來：「來，貓咪，貓咪，貓咪，來，貓咪，貓咪，貓咪。」凱蒂與茱莉向新鍋子爬過去。

德瑞克（對著大衛）：這些不是寶寶。這些是貓咪。

安東尼：他們需要去看獸醫。他們需要去看獸醫。

德瑞克：過來，貓咪……我帶他們來的。

安東尼：他們需要去看獸醫。（孩子全部移到圖書角的枕頭那兒。）

德瑞克：那不是貓食。貓食有水。他們得要有水。我需要我的叉子。張開嘴巴，貓咪。……這貓有個小傷口。我會帶牠去看獸醫。

安東尼：我在為他們煮好食物。他們不喜歡那東西。這是蛋糕。知道這是什麼嗎？他們的蛋糕。

尼古拉：這兒，貓咪。（用湯匙在鍋裡舀）張開嘴巴，貓咪。你們現在餓嗎？

安東尼：我需要個鍋子。這兒比較多。是一樣的東西。

　　貓咪做什麼？人會跟貓咪一起做些什麼？分享共通經驗的孩子可以一起玩貓咪或是其他任何劇本的遊戲。這些孩子通通知道貓咪喝牛奶、吃地上碟子裡的食物、不用後腳走路，當你叫貓咪、貓咪、貓咪，牠們會過來。有時候貓咪需要看獸醫，尤其是當牠們有小傷口。餵食是貓咪及主人的日常事件，看獸醫則是戲劇性，偶發事件。孩子將日常事件與偶發事件二者交織於遊戲內，兩種他們都需要了解。

　　儘管德瑞克提醒大衛，「這些不是寶寶，這些是貓咪。」孩子們還是無法完全抗拒給動物人類屬性的誘惑。「張開嘴巴，貓咪。」兩個不同的孩子說，用叉子及湯匙餵貓咪。還有貓食——「他們不喜歡那東西」——被拒絕而偏好蛋糕。

　　然而，這個遊戲有清楚的規則。另外一天，當老師自發地加入後，遊戲起了劇烈的變化。

　　茱莉：喵，喵。

　　德瑞克：汪，汪。

　　尼古拉：喵，喵，喵。

　　勞瑞（穿上實驗室白袍與塑膠狩獵帽）：有我的全套衣服。

　　凱蒂與尼古拉（爪子搭在老師膝蓋上）：喵，喵，喵。（這時，老師用膝蓋跪下，手撐著當爪子，開始喵喵叫。）

　　茱莉：你不行當貓。

　　老師（無助地）：喵。

茉莉：你是老師！你得坐在那張椅子上！（手指向椅子。）

老師：可是我會像貓一樣喵喵叫。

德瑞克（指著大衛，他躺在地上，眼睛閉著）：嗯哦！那隻貓死了。（全部的人停下來看，沒有人動或說話。）

老師：我們該怎麼辦？是緊急狀況。

德瑞克：我不知道。

老師：我們可以打電話。該打給誰？（沒人回答。孩子們望著老師。）好，我來撥 119。（他撥號。）喂？對，我們在喜樂園托兒所，高街 1145 號，有緊急狀況。在日光教室。我們有幾隻貓看起來死了。

德瑞克（頭戴消防帽，大拇指向上，握拳靠近耳朵）：好的─我出發了。嗚、嗚、嗚。（孩子們開始躺在地上，閉上眼睛。）

老師：我們該怎麼幫貓咪？（勞瑞拿來碗與湯匙，開始餵他們藥。）

大衛（跳起來）：我活了。我活了。

其他人照做。大衛倒回去。另一個孩子試圖跟勞瑞拿碗跟湯匙，他說：「不，我是護士！」現在有九個小孩在屋裡的積木與圖書角，裝死再復活。安東尼進進出出在幫忙。

　　這些孩子定義成年人不適合扮演貓咪這個角色。當成人擔任貓咪的角色時，遊戲就被打斷了。他離開了孩子為他定義的角色——貓咪照顧者（他們對他喵喵叫，爪子搭著他），他自己變成了一隻貓。為什麼？可能是做實驗，看看孩子們會怎麼做，或是當作他這部份片段的自發性遊戲，因為他覺得好玩。可是孩子們一點也不這麼認為。應該是孩子玩，他們提醒他。老師應坐在椅子上照顧孩子——以及貓咪。

　　直到德瑞克跟大衛發明死貓，才將遊戲導回正軌，老師則移到一個明確的成人角色：緊急狀況中的協助者。「我們該怎麼辦？」他問。他們不知道。他接手，介紹撥打 119 的電話劇本，直到德瑞克能加入，變成消防員回答那通電話。從此以後，許多孩子就可通力演出死亡、求救、復活的戲碼，不需要老師進一步介入。

　　也許，孩子暫時性地動彈不得，是被死貓嚇到的反應。但結果卻變成一個他們熟悉的劇本，而他們全都知道如何演出。或許他們老師變成貓咪才更嚇人呢，那不在他們的劇本中。在兒童的遊戲中，適合成人的角色由孩子來定義；他們期待成人玩他們的遊戲，而不是他自己的。

　　這些三歲孩兒是在找個照顧貓咪的人。他們也是基於事實區分成人、兒童、以及他們各自在世界中的的位置：成人是照顧兒童的人。

　　我們問了另一位花許多時間跟四歲孩子相處的喜橡園老師：「你怎麼跟孩子們玩？」

　　「嗯，」他說，「當他們假裝餵我吃東西時，我就品嚐品嚐。假如他們咯咯笑，『那是毒藥！』而且笑得很瘋，因為他們

騙倒我——『哈哈，你相信我們！』——我就倒地死亡。假如他們對著我喵喵叫，我就發出貓的咕嚕聲。有時我會開始咆哮，因為他們喜歡被嚇跑。如果他們嚇我，我該怕就怕。」

這是一位愛玩的年輕成人，不過他已經清楚的定義了與幼兒遊戲的適當行為。他很樂意為較大的四歲孩子扮演毒藥的受害者，孩子們知道他們是假裝讓他在遊戲中扮演那個角色，但假如他們給他的是假裝的食物，他絕不會自己去發明那個角色，他會欣然接受沒有毒的禮物。假如他們當貓對他喵喵叫，他會像母貓一樣咕嚕咕嚕叫。他有時候會對他們咆嘯，像母熊會對小熊吼叫一樣，因為他們先前已經這樣嚇過他，知道這種遊戲要怎麼玩；就像他說的：「他們喜歡被嚇跑。」

這些都是成人的角色，超出家長與他們的孩子一起玩的遊戲種類，它們是安全的遊戲，因為彼此的關係是安全的。躲藏與發現、吼叫與奔跑、下毒與復活，全都是分開與重聚的遊戲：幼兒生活中的重要主題。假如你把我留在托兒所，你愛我嗎？有人關心我嗎？你會不會回來？

這位成人不玩當孩子的遊戲。「假如他們要我當寶寶（他們不這樣做），我會說『我不喜歡』，那是行不通的。孩子會變得有自覺，遊戲會以我為中心。」孩子們遊戲時可以用娃娃當寶寶，或是彼此互當寶寶，而不是成年人。

當事情進行得順暢時，負責照顧的成人與孩子之間的自然關係是支持的力量（power for）。行使力量支持孩子意味著成人提供孩子經驗，這些經驗有助於孩子發展自尊與自信，因而產生了支持孩子的力量。從孩子的觀點來看，孩子是被幫助的（Trook, 1983）。這種關係是不對稱的，成人照顧孩子並且有意識地滋養

他的成長。

有些時候，力量的關係可以變成比較平衡的分享力量的形式，協同的力量（power with）。當力量是用來支持孩子時，成人是蓄意在引導、建構、或支持孩子朝著一個目標前進。當協同的力量出現時，成人與孩子共享驚奇感，一同創造（Trook, 1983）。遊戲時跟隨孩子的領導，成人除了與孩子雙向互動之外，沒有別的事要做。

玩貓咪遊戲的那位老師，除了與孩子雙向互動之外，不想做別的事，但她並沒有跟從孩子的領導。孩子們負責遊戲劇本；成人遊戲者不得逾越孩子定義好的劇本。

下面這個例子是兩位成人遊戲者，在劇本範圍內創造出協同的力量。

在西麥迪遜托兒所內，今天廚房角被設置在戶外，莎朗跟塔瑪拉在爐子邊。羅莉在衣架旁，穿著高跟鞋、紫洋裝、及青綠色披肩，兩手各抱一個洋娃娃。喬治穿著消防員服裝，推著木頭推車。「看，塔瑪拉！」他說。

三個小塑膠碟子，藍色、黃色、和綠色，躺在水泥地上，裝滿了沙水混合物。塔瑪拉從一個碟子舀了一些到另一個碟子。羅莉從茶壺倒些水進碟子裡，可是塔瑪拉說，「不！別那樣做！」她看著我問，「你餓嗎？」

我點頭表示餓了。塔瑪拉拿過來一個杯子，端著綠盤子，把它們放在我靠的這個桌子上。她走回爐子邊，放一個鍋子在烤箱裡，關上烤箱門。她打開烤箱門在鍋子上放個蓋子，關上門，再打開門，推進另一個鍋子。

在這個當兒，莎朗已經在用隱形水洗碟子。現在她轉向塔瑪拉問她，「他們現在都乾淨了嗎？」塔瑪拉點頭贊成並走向我。

塔瑪拉（臉上有著關心的表情）：你跟我說你想要一些菠菜嗎？

我：我想來點菠菜。

塔瑪拉：好！因為我正好煮了。（她裝了些她心中的菠菜到我的盤子裡。）

羅莉（對著塔瑪拉，她正走回廚房）：你今天穿衣服了嗎？

塔瑪拉：沒有。

羅莉：這些是我的高跟鞋。（她舉起一隻可愛的小腳。）

塔瑪拉（跟羅莉走到掛衣服的架子）：我看看。什麼樣的衣服呢？我看看，假如我穿……我該穿這件去舞會嗎？你想穿這件嗎？（她為彼此拿了不同的衣服出來。）

羅莉：喔，是的。（她把新衣服優雅地披掛在肩上，當作她原來披的那件的圍巾。）

塔瑪拉（手裡拿個鍋子，走向老師）：老師，我帶了個東西給你。

老師：是什麼？

塔瑪拉：菠菜。

老師：菠菜──嗯──你可以帶些花椰菜給我嗎？你知道我愛花椰菜跟蘑菇。（塔瑪拉跑回爐子邊並且用沙水裝滿四個碟子。）

塔瑪拉（拿碟子給老師）：這是你的花椰菜。

老師：這是花椰菜嗎？還有這些是蘑菇嗎？

塔瑪拉：嗯──哼。（她跑向我。）蘑菇來了。

我：嗯，謝謝，好吃。

（索羅，1989）

　　這是遊戲，是孩子彼此之間、塔瑪拉跟兩位成人之間真實對話的遊戲。兩位成人都有遊戲式與自發性的反應；老師介紹花椰菜，不是當作新的字彙，而是因為他真的不想要菠菜。

　　那些罕見的、雙向的、創造性互動跟同儕才可能發生，而這些創造性互動正是我們人類存在的核心關鍵。因此，很明顯地，我們的解放與我們成為解放者

的能力直接相關，也就是說，盡可能常常幫助別人，
包括孩子，創造力量使他們成為我們的同儕（Trook,
1983, p. 16）。

　　楚克（Trook）使用解放（liberation）這個字反映菲瑞（Fre-
ire, 1970）的主張：所有的教育不是養馴就是解放。協同的力量暫
時性的弭平了成人與孩童之間的不平衡，使他們在遊戲中成為同
儕。他們雙方均提供好主意，不過孩子仍保留了領導權，畢竟遊
戲是屬於孩子的世界。在剛才描述的遊戲中，雙向就是他們互動
的特色，而且，在那當下，孩子的能力一點也不遜於成人。
　　在這個插曲中，塔瑪拉邀請成人加入她進行順暢的遊戲。假
若事情不是進行地如此順利，負責任的成人可能得要不請自來，
介入遊戲。有技巧的斡旋者是以支持力量的模式反應，當他們建
議替代方案以解決問題時，以認真的態度看待孩子的劇本。相反
地，覺得打斷兒童遊戲也沒關係的成人使用影響式力量（power
on）的模式，獨斷地以自己想做的事替換兒童原來的計畫。影響
式力量是用來養馴孩子，幫助他們學習自制的。

中斷遊戲以教導規則

安迪與墨本正小心地為他們的車子蓋積木平台，
平台有優雅的雙下坡車道。瑞奇的快速車衝入車道。

安迪揍瑞奇。

　　瑞奇（跑向助手）：安迪打我！（愛伯尼跟馬瑞納開始推車下坡道。）

　　安迪（哭叫）：不，不，不！

　　助手：安迪，過來這邊。你不分享就不行玩。話要講清楚。不要光說不，不，不。告訴他停止。（安迪沒講話，他試圖掙扎回他積木那兒，助手制住他。）我叫你時，希望你要回答。（安迪跑回積木角。）

　　魯本：看我在幹嘛，各位。（他開始在斜坡上開車，安迪把魯本的車子推走，斜坡倒了。）

　　助手：安迪，記住我們剛剛講的話。（安迪跑去找老師幫忙。）

　　老師（邊叫邊穿過教室）：魯本，我要你跟安迪幫忙把橋回復原狀。

　　魯本安靜地照做。然後安迪開始建塔；魯本遞積木給他。當塔倒下時，倒在瑞奇身上，他笑得好大聲。安迪也笑了。魯本開始開車下坡。安迪重建他的塔，這次瑞奇來幫忙。當它倒下來，安迪大笑。瑞奇學他笑。

　　安迪（狂喜）：它倒下來了！

　　瑞奇（也很高興）：它倒下來了！

　　安迪：兩個，兩個……

> 助手：安迪，知道嗎？不要這麼大聲。用室內音
> 量。

　　安迪揍瑞奇是因為瑞奇不小心弄壞了他精心建造的東西。可是因為瑞奇跟助手告狀，安迪成了被告。助手的反應是道德化的影響式力量：「安迪，過來這邊。你不分享就不行玩。」安迪想要做的事——保護他的積木，卻被忽略了。

　　安迪逃回他的遊戲，把挫折發洩在他朋友魯本身上。助手再次告誡他。然後安迪轉去找老師——老師要求魯本當個助人的朋友。那變成了介入的支持式力量，因為魯本極為樂意幫忙。遊戲又重新開始了，而瑞奇也得以進入該遊戲。可是假如安迪是個比較不堅毅的積木建造者，助手打斷他的遊戲去教導規則，實際上可能已經毀了他的遊戲，也許會造成安迪吸手指或惡意地攻擊，而非積極參與遊戲。該助手一再地忽視孩子想做的事，只為了成人的標準而介入：「你必須分享」、「話要講清楚」、「不要這麼大聲」。

　　影響式力量無法教孩子他們可以獨立使用的解決問題的策略。相反的，它鼓勵立即向權威申訴：「老師，他打我。」由於成人也許沒看見事情的始末，他的解決方式很可能是獨斷地回溯行為規範而忽視遊戲內容。「我不管你的斜坡發生了什麼事，你得學會分享。還有，我叫你的時候，希望你要回答。」處於運用影響式力量教室的孩子常講人壞話，希望權威人士先站在他這邊。他們不會試著彼此一起解決問題。

　　然而，牽涉到安全時，影響式力量則是妥當且必要的。當成人要教孩子道德課程，而且他相信這是可以直接教授時，影響式力量也許是合適的。不過影響式力量會忽略且中斷遊戲。

　　有效的協助——支持式力量——將遊戲的劇本和韻律納入考慮，就算有衝突也能解決。

　　回到喜樂園托兒所，布萊得跟丹尼在玩幻想遊戲，扮演Ｔ先生跟漢尼寶，馬修跟麥可在外圍。他們的道具包括空心積木、標準積木、卡車、小交通號誌、車子、飛機、及原木。對話大聲而且速度很快。

　　布萊得：誰說你可以玩？沒人說你可以玩。

　　丹尼：我是漢尼寶。

　　布萊得：不，我先的。

　　丹尼：我先說的！

　　布萊得：我去告狀。老師，老師！他說他要拿走我的卡車。

　　老師：你是Ｔ先生嗎？

　　布萊得：我是漢尼寶。

　　丹尼：我可以當漢尼寶嗎，Ｔ先生？

　　布萊得：當然。我是Ｔ先生，你不是。你是漢尼寶。

　　丹尼：抱歉抱歉抱歉抱歉抱歉。來吧，先生。

布萊得：想要這種車嗎？賽車。

丹尼：我的開起來像那樣。拿好，先生。

一起互作—麥可跟馬修現在在主動幫忙—他們慢慢用一排積木造出車子的形狀。Ｔ先生盯著那台變成太空梭的東西。原木作成的「炸彈」插入後方的空位。

麥可：我坐哪裡？

布萊得：不，不！那是我的冒煙的東西。那裡面有火，看見沒？這即將變成冒煙的東西。丹尼，丹尼。就放在那邊。敲敲它。

麥可：會燙到你。

查克跟華倫抵達。他們試著坐下。麥可叫他們出去，他們跟老師申訴。「那裡很燙，小心。」老師說。

　　這個老師的話將孩子與該遊戲劇本的規則相連，而不是跟教室規則相連，鼓勵孩子自己想辦法解決。「那裡很燙，小心！」假如你用點心，也許可以在太空梭上找到位子。用「你是Ｔ先生嗎？」回應「老師，老師！他說他要拿走我的卡車。」提醒遊戲者他的角色，而不是試圖解決紛爭。從旁協助的成人認真看待遊戲劇本，並協助孩子維持該劇本。

中斷遊戲以教導概念

　　遊戲的中斷也會以刺激認知的名義發生；教師介入以教導字彙與概念。有時候，曾經學過應該嚴肅對待遊戲的成人會試著將遊戲改編成他們認為嚴肅的議題。

> 　　二街托兒中心，愛柏妮正在積木角玩，老師則在一旁觀看。
>
> 　　愛柏妮：看這個。（她將一輛車滑下斜坡。）
>
> 　　老師：愛柏妮，那是高速公路嗎？
>
> 　　愛柏妮：是呀。看這個，老師！
>
> 　　老師：你的車往下嗎？它開下高速公路的斜坡嗎？它走得快嗎？你有多少台車？你的車還要往上嗎？愛柏妮，你能回答我的問題嗎？
>
> 　　不，愛柏妮對老師的問題不感興趣。她沉浸在自己的遊戲中，直到瑪瑞娜抓走斜坡。愛柏妮尖叫。
>
> 　　老師：瑪瑞娜，愛柏妮先拿到的。你在那邊開車。車子得走同一個方向。（瑪瑞娜故意把車推下斜坡跟在愛柏妮後面。愛柏妮不介意。）
>
> 　　瑪瑞娜：看著我，看著我，看我的車。（沒人有

反應。）

　　這些是三歲幼兒，他們的語言相當有限。成人的意圖是刺激更複雜的語言；不過，就像常發生那樣，成人的語言是唯一聽得見的。問完愛柏妮，「那是高速公路嗎？」他又快速且連續問了五個問題，一口氣介紹了上與下，高速公路與斜坡，以及有多少。「愛柏妮，你能回答我的問題嗎？」他最後還堅持。別想，愛柏妮的興趣是她的車子——「看這個」——不是回答問題，老師輔助的意圖完全失敗了。老師以爲他是用支持的力量，但是力量是以結果而不是用意圖來定義。力量是由孩子的觀點來定義的（Trook, 1983）。

　　也許愛柏妮只是不想說話。但是她曾經用「看這個，老師！」來開啓對話。以下是一些可能的替代性對話。

愛柏妮：看這個。
老師：愛柏妮，那是高速公路嗎？
愛柏妮：是呀。看這個。
老師：我正看著呢。它走得好快，是不是？
愛柏妮：是呀。它走得非常非常快。想再看一次嗎？
老師：你可以讓它更快嗎？
愛柏妮：可以呀。非常非常快。你看！我用力推。

愛柏妮：看這個。

老師：愛柏妮，那是高速公路嗎？

愛柏妮：是呀。看這個。

老師：你的車正要下高速公路。

愛柏妮：我的車正快速地下高速公路。出發囉！

老師：它走得很快。那是台快速車。

愛柏妮：那是我的快速車。

　　在這兩組對話中，老師實驗性地描述車子及車子的行動。每次對話，愛柏妮擴充了她的字彙以回應老師，老師所給的建議都包含在愛柏妮自己要做的事中：「看！」，並且回應了當下的行動：車子正快速前進。

　　這位老師熱切地考慮他與孩子的互動；他對觀察員建議的替代性對話主動感到興趣。「再過來，好不好？」他問，「而且把攝影機帶來。假如我們有錄影帶，我們可以稍後一起觀看。」

　　到了攝影的日子，他決定再次使用積木角，這次放了恐龍跟動物園動物，要「教位置辭彙」——下面跟上面、頂端與底端、以及旁邊——支持他本週所寫的教案。

老師：我們要怎麼處理這些？牠有長脖子。

維克多：看我這個長脖子的。

> 老師：這個可以放在橋下嗎？…看傑瑞，他把他的恐龍放在他的頭上。我們來看看我能不能把我的放在我頭上。看，牠掉下來了。
>
> 傑瑞：你碰不到我的恐龍。
>
> 老師：我碰不到你的恐龍。我試試看…牛在公車裡面…牠在我腿上開車。想不想要我用腿做個橋呢？那樣牠就可以從我的腳下過。
>
> 安妮：牠要去坐牢。
>
> 老師：為什麼？
>
> 安妮：因為牠被襲擊了。（維克多的長鏡頭跟著一輛疾駛的消防車。幾個孩子加入救火的主題。）
>
> 老師：那輛車在那邊做什麼？看起來好像是在穿過我膝蓋頂端。

　　稍後老師跟觀察員一起看帶子討論。「我的教案是要教位置辭彙，所以那就是我在積木角所作的事。雖然我覺得也許是用太多了；一、兩個也許就夠了，」老師解釋著。

　　觀察員回應，「我可以聽見當你在說那些字時，在他們底下畫線。我本來對你的教案給了你什麼樣的理由讓你去積木角，還留在那兒，很感興趣。孩子喜歡你在那兒。可是錄影帶顯示，有時候你的言語所助長的不是持續性的遊戲，而是『老師，你看』。把恐龍放在頭上很好玩，可是對遊戲本質而言並沒有意義。看，

那兒就是傑瑞把恐龍放回頭上叫你看他。他對你的注意比對玩遊戲感興趣。」

老師同意。「可是，那我的教案怎麼辦呢？」

觀察員問，「你能不能把他們放在心裡，尋找適當的機會，在合適的情境中才使用位置辭彙呢？當安妮的飛機開到積木拱門上時，你的隨機問題，『它會從橋下面過嗎？』也是她的問題，而你為她行諸文字了。在那當兒，下面屬於遊戲系列之一；是情境中的語言。」

老師笑了，「喔，而且那就是點心時間發生的事。我們吃水果拼盤，而孩子們開始找葡萄。我當時記得帶入位置辭彙：『你們的葡萄在哪裡？是在底端嗎？』」

觀察員說，「而且孩子也用了那些辭彙，因為葡萄的位置是遊戲的一部份。在積木角，你使用位置辭彙，但孩子們沒有。他們想的事是恐龍、監獄跟火災，不是裡面與下面。」

正如本例，明確的教案目標很容易促使老師出現不適當的行為。假如一定要寫目標的話，成人可以試試像這樣寫，「孩子會在遊戲時說話。」這類籠統的目標讓老師觀察孩子行為時保持警戒，同時也保有自己的角色選擇權。假如孩子邊玩邊講話，老師只需觀察無須介入；假如孩子不說話或是字彙單調貧乏，他可考慮加入遊戲讓遊戲複雜些，並且鼓勵孩子以語言表達。成人介入遊戲應該經過設計，目的是讓遊戲持續而非令遊戲脫軌。

擴增孩子的遊戲

　　凱茲與查德（Katz & Chard, 1989）認為，體貼的老師可以擴增孩子的遊戲以「啓發兒童心靈」。某種遊戲時的教師指引可以預先計畫，例如在佛地科逛街（第四章）。其他時候，擔任幹旋者的老師則必須即席判斷，比方第三章與忍者龜討論刀子那回，以及下述插曲：

　　　　有一天，四歲男孩們突然進行狂野、愉快但傻氣的追逐，他們繞著院子、穿過屋子，似乎對於其他孩子、門、或是他們所製造的噪音渾然不覺，五分鐘後，我制止了他們。既然他們的閒逛並沒有自然發展出什麼有目的的東西，我建議他們為自己的遊戲訂個計畫。

　　　　傑佛瑞稱之為「藍波之旅」。我不知道這是他在追逐之前就有的主意，或者是追逐的結果。為了協助他們發展這個主題的內容，我提議我們一起來為他們的遊戲訂幾個規則。他們擁有的紙板圓筒是望遠鏡，他們想用空心積木為自己造飛行船。我問了幾個其他的問題幫助啟發他們的思考。飛行船應該怎麼設計？你需要為飛行船準備補給品嗎？誰當飛行員，誰當副駕駛？（Reynolds , 1988, pp. 88-89）

其中兩個男孩覺得這是種干擾，他們離開了遊戲。對其他的人，則是種受歡迎的挑戰，挑戰他們建造、發明、及合作的能力。

　　傑佛瑞提出許多文字計畫與合作，對他是新的經驗。他放棄了對掌控權的需求，而沈浸於雙向的解決問題。佛瑞迪發現遊戲是如此刺激與豐富，他不必再傻裡傻氣的。沒有孩子被排拒在外，而且當布萊恩為自己發明一個角色：當隔壁的飛行員，也很容易就被接受了。

　　讓我很高興的是，在我提議要有主題與一些規則之後，男孩們接手了。他們主導了整個劇本（Reynolds, 1988, p. 89）。

「男孩們接手了」是這次遊戲介入成功的標準；介入為遊戲聚焦並且予以擴充，不是摧毀它。遊戲時是孩子當家。合宜的教師介入是開放式的，將選擇權留給孩子。遊戲永遠有得商量，當遊戲發生時，成人設定界限，但孩子發明遊戲，並且更改遊戲規則。

當心生疑慮時，要信任遊戲。遊戲是孩子的課程。散亂或是有潛在破壞性的遊戲可能需要重新對焦，但是對焦正確、複雜的遊戲則無須介入。它自有其節奏而且會出現自己的結論。遊戲發生於孩子的勢力範圍內，成人沒有正當的角色進入。

介入遊戲的成人，無論其理由為何，通常是倉皇行之，沒辦法注意到孩子的目的。應僅記在心放緩腳步這個忠告。當我們催促幼兒，就是虧欠他們。當我們專注於孩子的遊戲對他們的影響，

我們最能了解孩子，而且幫他們學最多。

6

教師擔任記錄者

　　範圍明確的工作使人注意力集中，有助於多數成人保持專心。有些幼教老師在實習時會在圍裙口袋中放鉛筆與便條紙，隨時記錄孩子的軼事行為，並交給帶實習的老師或在課堂上討論。有些人終其一生保持這個習慣，但其他人放棄了。假如他們持續記錄，會怎麼處理那些筆記呢？

　　本章以及下兩章，我們將提出繼續記筆記的理由與應以其他方式呈現孩子遊戲的理由。這些活動強調教師為資料蒐集與組織者——蒐集與組織資料乃是基礎的專業行為，挑戰教師的技能並鼓勵他們仔細觀察孩子遊戲的內容。有一種角色會需要上述行為，就是教師擔任記錄者。

　　在那些大部份人不寫字的日子裡，社區有文書——職業抄寫者，寫下其他人想傳達的訊息。在幼兒群中，大部份的人不會寫字；他們才剛開始學習這個過程。而群體中會寫字的成年人則可以扮演書記的角色，當孩子的典範。

　　小學教的基本技能讀、寫、算，是表現人類經驗的方式。戲劇扮演是幼兒表現他們經驗的方式；他們假裝做許多事情。他們演出「像爹地或媽咪，進行養育或引導，像個讀者講故事，像個工人仔細地計畫並建造，像購物者花時間思索並寫清單，跟家人坐在一起像個閱報人，或是像個消防隊員般，行為充滿愛心與勇氣」。（Stadler, 1990, p. 42）。他們是在遊戲中重現觀察到的成人行為。假裝的遊戲是表現的舞台之一，表現終會演變為讀寫能力，最抽象的表現形式之一。幼兒快速掌控的口語是另一種表現形式。兒童也經由建構二度、三度空間練習表現，創造出房屋的圖畫、素描人像、用黏土做蟲、用積木鋪路。有的孩子能認出印刷好的自己的名字，而且他們甚至會寫名字，或是假裝寫名字。

表現兒童的遊戲

　　觀察兒童遊戲的老師有時會記筆記展現他們看到的，資料可用於他們的發展討論會、家長會及課程計畫。這些記錄用來與成人溝通。老師也可利用文字與圖像表現兒童的遊戲和語言，用來跟孩子溝通。

> 　　凱利在用大彩色塑膠積木蓋塔。這是他待在傑佛遜東方托兒所的第二年，他仍然無法順利地專心工作和交朋友，但他對印刷字體與成人很有知覺。他的積木很容易倒下來壓到別人。大人該怎麼幫他專注工作呢？
>
> 　　當凱利蓋積木時，一位觀察員試著在附近黑板上畫他的塔，他立刻警覺。「你在做什麼？」「我在畫你的塔。」觀察員回答。（見圖 6-1a，頁 119）「那樣不對，」凱利堅持，「它們是圓圈。」觀察員擦掉她畫的矩形，再試一次，「像這樣？」（見圖 6-1b）凱利看來不屑，「不！」（但顯然他對這項挑戰有興趣：你要怎麼畫出圓柱體？）觀察員再試一次，「這個對嗎？」（見圖 6-1c）對，那樣可以。

　　凱利繼續蓋，觀察員繼續畫，他們欣賞彼此的作品。她寫下，「凱利蓋了建物。」凱利試著讀，「凱利堆了積木。」她劃掉「蓋了建物」並且寫下他的話。「那是積木頂端，這是地板。」她寫下他的話。（見圖 6-1d）

　　凱利堆了好些積木，包括一排三角形，觀察員照畫。（見圖 6-1e）沒注意這幅畫，他跑去玩黏土。接下來的十五分鐘，萊立歐接手粉筆與黑板。但他並沒有擦掉那些三角形。十分鐘後，凱利瞥見。「嘿！他畫我的三角形！」

　　觀察員一週後回來，萊立歐正在用相同的積木蓋塔。觀察員再度試著畫該塔——這次畫在紙上，因為黑板被堆積木的孩子擋住了。她用彩色筆畫下輪廓，接著決定要用蠟筆為積木著色，好跟萊立歐的積木一樣。

　　接著蘇珊娜來了，也想要紙。看得出來她畫的是萊立歐的塔。她給觀察員看，她問，「你想要著色嗎？」對，她想，所以觀察員為蘇珊娜與另外兩個也想畫畫的女孩，拿了蠟筆與更多張紙。

　　蘇珊娜把她著了色的圖畫拿給觀察員看。「妳想不想寫上名字呢？」觀察員問。想，她想要有一串字母在畫紙底端。

　　榮立歐得到老師珊卓拉的幫忙，支撐好他高高的塔。他正站在椅子上要蓋更高，它倒了。珊卓拉表示同情並邀他再蓋一次。她讓他看觀察員放在附近地板上的圖畫。

　　剛開始，他不認得那張圖。然後，突然間，他懂了。他拿起圖，捧著去給其他蓋積木的人看。「看，各位，這是我的塔，照這樣蓋。」他們開始幹活兒，而他放下圖畫加入他們。觀察員跟老師交換喜悅的眼神。「我能把它貼在這兒嗎？」觀察員問。她把它貼在牆上。

　　蘇珊娜一直忙著畫畫。她已經畫兩次高塔了，畫在新的紙上，而且又沿著紙的底端寫下她的「名字」。觀察員也把她的畫貼上去。

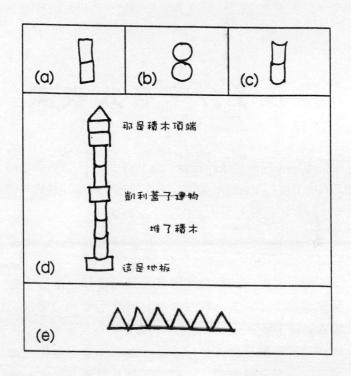

那是積木頂端

凱利蓋子建物

堆了積木

(d)　這是地板

(e)

圖 6-1　「凱利堆了積木」

　　就像孩子會發現他們的口語可以成為書寫的字，茱立歐發現他的積木塔可以變成圖畫，而且圖畫可以用來告訴別人怎麼建造那個塔。那是件值得了解的事。同時呢，蘇珊娜觀察到觀察員的角色是記錄者，而試著自己擔當該角色，專心而且有效率。玩假裝是寫字（或畫畫）的成人對許多孩子而言是迷人的活動，提供孩子這類活動的成人典範對孩子是有幫助的。

與孩子分享各式表徵

　　畫積木塔不需要什麼繪畫技巧。但是另一位老師泰瑞莎，具有真正的繪畫技巧而且樂於使用，當作她自己教學樂趣的一部份。有一天，她在自己托兒所班上作了這次觀察。

　　　在房屋角，一群孩子聚在一起用電話。羅莎在跟醫生講話：「醫生，我的小女孩病得很重。」瓊安、喬安妮、尤蓮達、艾力克斯、與黛安娜在房屋側邊上，他們已經在房屋角打扮好了，一個接一個，坐在一排椅子上。尤蓮達在開「火車」。地上有許多從積木角拖來的塑膠板條箱，尤蓮達把她所有的東西放在箱子裡，然後火車上其他的孩子也都有樣學樣。

　　　孩子玩了大約十五分鐘。然後他們突然全都不見了，去別的角落。看他們在沒有成人的情況下，怎麼繼續玩下去，是件有趣的事。

　　　　　　　　（泰瑞莎巴瑞奧斯），教師／觀察員

　　泰瑞莎在文字觀察的同時，也畫了圖 6-2，她快速地打草稿並在放學後完成。第二天，她帶著圖主持團討，「你們知道我昨天看到什麼嗎？」她問孩子。「我看見羅莎跟醫生通電話『醫生，我的小女孩病得很重』，她告訴醫生。而且我畫了她的畫像。看得見她嗎？」泰瑞莎高舉圖畫，孩子們擠上前看。「羅莎，」他們說，「在玩電話。」羅莎喜不自勝，用手遮住臉。已經仔細看那幅畫好一陣子的尤蓮達突然大叫，「那是我！我開火車！」

　　「是，那是尤蓮達。」老師同意，「尤蓮達跟瓊安、黛安娜、艾力克斯、喬安妮坐火車。他們在圖畫裡。」那實在太令人興奮了。我們的老師畫了我們，我們在圖畫上。

圖 6-2　「我的小女孩病得很重」

　　團討結束時，出現對板條箱與椅子的大量需求。提醒孩子他們玩過的有趣遊戲會鼓勵他們重複玩，更充分了解該遊戲，並且

精益求精。

　　一組幼兒能夠簡短地談論他們剛剛玩的遊戲，但他們的談話內容通常細節不夠，無法表現遊戲本身的特色。而且孩子們發現，在一大群人中，很難留心聽彼此講話；老師比較有經驗，知道如何吸引聽眾的注意力。藉由她自己用來描繪孩子遊戲的方式，她不只刺激孩子的口語，也促使他們了解遊戲可以被呈現在紙上。這位老師的確在教，但她在體認到兒童遊戲的重要性時，她的接學更是直接源自遊戲。當作品真實地呈現、反映他們自己的行為時，孩子最有可能瞭解代表該作品的表徵。

今天，那位喜歡畫積木建築的觀察員跟二街托兒中心的四歲孩子在一起。很多孩子因為長水痘缺席，老師比平時的某些時候更能與孩子單獨相處。她在幫艾德華與理查用空心積木跟板子蓋建築物；幾乎跟她的頭一樣高，但她正在維持它的安全。

「它是台全隱藏式攝影機。」艾德華說，解釋並示範它如何運作。積木中的洞，全部排成一列，正好可透過相機看過去。艾德華幫老師照相（「卡、卡、卡」相機的聲音），也幫凱西照相，當她從美勞桌過來看看發生了什麼事。

「你有沒有真的相機？」觀察員問老師。「那是棟驚人的建築。」

「有，可是沒底片。」老師道歉。

「那，也許我畫下來。」觀察員說，竊喜沒有底片。畫畫會產生更多可能。她畫一張圖，在上面寫了說明。收玩具時間，當理查在收積木時，老師對他說，「理查，別把攝影機弄倒，立在那兒。我們想幫大家照張相。」

孩子們已經來到小圓毯，老師在那兒請大家談談他們早晨做的事，用彩色筆寫下他們的話。助手把記錄釘在佈告欄上讓大家看（見圖 6-3）。

我跟艾德華玩積木。為車子蓋座橋。
理查

我在美勞桌玩。我為我媽媽做了個東西。
凱蒂

我在美勞角玩。我著色。我跟動物們玩。凱蒂想跟動物們玩。還有理查。然後凱利太太做了一隻蝴蝶而且也很大。
史黛芬妮

圖 6-3　我們今天早上玩些什麼？

輪到艾德華談談他的攝影機，他示範如何操作，然後老師請觀察員與大家分享她的畫（見圖6-4）。

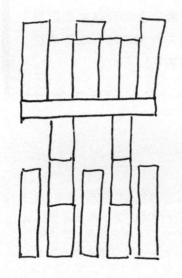

艾德華與理查跟史考特太太做了一台全隱藏式的攝影機。

「這是照片，」艾德華說。

「它會自己照相。」

圖 6-4　一台全隱藏式攝影機

她照做，唸出上面的字。艾德華批判地看著畫。「這個不在這兒。」他指著右上方的高積木。

「你是對的，」觀察員說。「我畫好以後你們改了它。你知道我要怎麼做嗎？我會改這張圖。我會槓掉那個積木，像這樣。」而她做了。

艾德華指著畫中另外三個在收玩具時間從結構體被移開的積木。觀察員也把它們槓掉。然後他們橫著數圖畫中上層的積木，看看現在數目對不對。

艾德華不只是表現出他曾有的主意；觀察員用另一種媒介重現他的展示成品，而他正確地「解讀」它。對四歲孩子而言，絕對是種令人印象深刻的成就。

當成人畫畫或寫字時，他們是在示範：孩子們也可以試著畫畫或寫字。有些老師用另一種方式呈現，他們拍攝活動中的孩子，然後予以張貼或將照片裝訂成冊，提供孩子觀看與討論。任何形式的圖片均可鼓勵反省經驗。不過，當成人照相時，所示範的事，卻不是孩子可做的。（孩子玩相機，但沒有成品。）簡單、清楚的素描邀請孩子比較圖片與原件，讀圖表，並為自己畫畫。

利用遊戲與溝通刺激書寫

　　成人可以與兒童作家一起分享的還有書寫文字。另一天，在二街托兒所，一位觀察員帶著她的筆跟黃色便條紙在外面的桌子旁坐下，發現自己被一群未來的作家包圍了。

> 史黛芳妮：我想幫你。你在幹嘛？
>
> 觀察員：我在寫關於兒童的遊戲。
>
> 史黛芳妮：請給我一些你的紙，好嗎？（觀察員給她一張紙跟一支筆。）我也要寫關於兒童的遊戲。
>
> 　　很快就有五個孩子在寫字。（觀察員在她包包底層找到一堆筆，鬆了一口氣。）一個孩子寫出非常正確的字母；一個發明鉛字草書。全都在以自己的方式認真工作。該進教室時，他們都很生氣。
>
> 　　觀察員下個星期再來時，帶了一盒書寫工具箱與大家分享。裝滿了紙、用過的信封、原子筆跟鉛筆、訂書機、膠帶跟剪刀，立即大受歡迎。當老師牽著在哭的理查過來時，已經有六個孩子專心地用材料創作。理查很難過媽媽離開，已經哭了好幾分鐘。
>
> 　　老師邀他參加該活動。「這兒有些黃色紙。寫張小箋給媽咪，告訴她：你想她。」指著容器，她問：

「你要不要選支筆？」然後，「今天下午媽媽來接你時，我們會給她這張小箋。」

讀寫能力產生力量。理查立即停止哭泣，雖然他看起來依舊悲傷。他的手抓住筆的上方，高高的、離筆尖很遠，寫出字母以及像字母的形狀。老師緊鄰著他坐下。

當他停止寫字，她問：「理查，你要不要告訴我關於這個？」理查沒回答，所以她繼續，「要不要我寫什麼下來？」她等了一會兒，但他仍然沉默。「這是寫給媽咪的嗎？要我把那寫下來嗎？」理查點頭，於是老師寫「給媽咪。」「你還想說什麼？」她問。沒有出現答案時，她建議：「要不要想一想？」

她把筆還給他，他又多寫了些。然後，用安靜的聲音，他開始跟坐在桌子對面的觀察員說話：

「我家裡有一個汽球。

空氣會跑出來。

是藍色的。

當我睡著時，

當我吃麥片時，幸運魔法麥片。

我家裡有蘋果，還有柳橙。

我家是藍色的。

還有梨。」

他秀給觀察員看他用原子筆畫在一大張紙上，兩個小小的、可辨認的圖畫。「那就是我的梨。還有這是我的蘋果。」

孩子們又再一次玩當寫字的人，享受它所賦予的力量，像成年人一樣，並且與成年人溝通──甚至於不在場的媽咪。重要的是寫字行為，而非作品，雖然史黛芬妮秀給觀察員看她小心用印刷體寫出的「OREO」，還有理查離開桌子之後又回來拿他給媽咪的信，安全地放在他的工作櫃裡。嫻熟寫字的成人偶爾可以選擇利用寫字作品提醒孩子，他們說過的話與做過的計畫，這個過程也是示範：寫字就是將所說的話寫下來。

寫的字是可讀的

東傑佛遜托兒所的助教艾瑪才剛唸完一本自製的、關於獵火雞的書給孩子聽，也告訴他們他們可在遊戲時間看看這本書。現在，孩子們去玩之前，正一起計畫，分兩組，一組跟老師，一組跟助教。成人有大張紙跟彩色筆。

老師：我要寫個名字。（她寫「芭芭拉」。）

芭芭拉（認出她的名字）：艾瑪的書。

老師（寫字中）：芭芭拉一去看艾瑪的書。（當芭芭拉說話時，加上）火雞。關於男人。（繼續對下一個孩子）路易士。

路易士（認得他名字）：En la cocina — con comida.（西班牙文：在廚房一玩食物。）

凱利：那不是我的名字。什麼是 cocina？

老師：廚房。（她繼續寫孩子們的名字與選擇。）

凱利：遊戲屋裡。

老師：你知道你要在遊戲屋裡做什麼？決定了嗎？

凱利：我要煮東西。（老師寫下他的話。）

蘇珊娜：A Jugar con los bloques de colores.（西班牙文：我要玩彩色積木。）

凱利：什麼是 colores？

老師：Colores 就是 colors（顏色）。

表完成了。老師高聲唸出來，孩子們去玩他們的遊戲；除了路易士跟卡爾，他們對那張計畫表比較感興趣。路易士五歲，會寫自己的名字，用老師的彩色筆，在表上加上自己寫的，並且圈了一些字母和字。當他完成時，老師要他將表拿至美勞桌，她在那兒邀請卡爾寫一次。卡爾還不會寫，但他自發地練習隨機

圈字，畫圈圈，還畫在手上。學習寫字需要許多練習，許多種的練習。

收玩具時間過後，準備好的孩子就加入艾瑪的小圓毯時間。老師帶著計畫表抵達，她將計畫表放在她前面的地板上。隨著她從上往下唸那張表，孩子們變成了緊密且感興趣的團體。「你有玩積木嗎，蘇珊娜？」她問，「你玩火車了嗎？沒有？好。」

對孩子而言，那很明確，這是張有用的印刷品；它提供老師訊息。有些孩子自己看著那張印刷品，找尋自己與朋友的名字。後來，孩子們在戶外時，凱利過來找艾瑪，給她看他做的沙派，完好地在閃亮的派鍋中。老師在附近，在她說話時寫下他講的話。（見圖 6-5）凱利轉頭見到那張大紙上有他的名字。「那是什麼？」他問，老師回答他：「你會唸嗎？」「會，」他說：「凱利。」她指著字唸剩下的給他聽。當她唸到「三顆櫻桃」，他說，「四顆櫻桃。」

（珊卓拉 雷果，老師／觀察員）

凱利說：「艾瑪，我做了個派。

櫻桃派。

一顆櫻桃。

兩顆櫻桃。

三顆櫻桃。

圖 6-5　「四顆櫻桃」

　　凱利跟路易士在這間托兒所裡是年紀最大的幾個孩子，對寫字最好奇。任何學前機構裡，都有少數三歲幼兒、一些四歲孩子、以及許多五歲孩子會主動對書寫文字感興趣。教幼稚園的黛安娜比在托兒所的珊卓拉更有系統地抄寫兒童的話，並唸給他們聽。黛安娜講了這個故事（Ballesteros, 1988）。

　　有一天，我們在後桌提供泡泡作為選擇。當六個選擇該角的孩子抵達要玩時，爆發了對話。（於是我們記下他們的話。）

　　你可以把它們疊在一起。
　　泡泡。

你可以用它們蓋東西。

放一個你的在我的之上。

放在桌上。

看它們黏在一起。

你的比較大。

我們做了個泡泡洞穴。

我有個小不點泡泡。

我有一排泡泡。

一個大泡泡。

雙響泡。

她有三響泡。

喔，喔，喔！

你怎麼弄的？

我們可以帶它們回家嗎？

團體時間，由老師介紹這些談話記錄給孩子們：「知道嗎？你們做了首泡泡詩。」她唸給他們聽。然後她在最上面寫下：「泡泡，泡泡，泡泡。」並且問：「你們知道這個字說什麼嗎？」

「泡泡！」「你們在這頁上任何地方見到『泡泡』這個字嗎？有沒有人要來這兒拿蠟筆畫圈圈——畫個泡泡——在『泡泡』字的周圍？」

對一些孩子，這是個刺激的挑戰，並且輪了許多

次。(他們決定,你可以在一個字周圍圈不只一個圓
圈。)然後他們再讀一遍,老師指著字,好讓每個人
在找到一個時,能大叫:「泡泡!」

泡泡詩留在牆上,孩子們可以選擇去看。第二天,
他們又一起唸詩。「誰有玩泡泡?」老師問,當他們
指認出自己時,她寫下六個孩子的名字。「現在,看
看你們能不能想起一件你們昨天說的有關泡泡的話。
凱特琳?」

凱特琳想了又想。維吉兒自願:「泡泡。」

老師寫,「維吉兒說:『泡泡。』」

卡珊卓:我愛泡泡。

那些話好像不在詩裡,但那不重要,老師也不會
提起。他們是卡珊卓的話,於是老師寫下來。她很快
地寫下圖6-6(見下頁)所示的字詞。

　　這個擔任記錄的老師將嚴肅的閱讀課程植基於五歲孩子的遊
戲之上。「泡泡」是個經驗上令人難忘的字,也是形狀突出好記
的字。溼的真泡泡在教室中將持續可得,代表泡泡的字也是。至
於孩子們則會繼續學習泡泡的屬性,以及字詞的特性。

維吉兒說：「泡泡。」

卡珊卓說：「我愛泡泡。」

麗滋說：「雙響泡。」

凱特琳說：「三響泡。」

若菲兒說：「我們做了個泡泡洞。」

喬治說：「我愛泡泡。」

我們都說：「泡泡、泡泡、泡泡。」

圖 6-6 「泡泡、泡泡、泡泡」

當孩子較能掌握遊戲時，教師擔任記錄者的角色比擔任遊戲者的角色合適。孩子玩扮演遊戲的能力隨著表現式繪畫與建構能力的增加而增強，也伴隨著對成人所用的，包括寫字在內的各種表現模式的興趣而來。記錄兒童遊戲的表現會刺激一種簡報的過程，在這個過程中，成人與孩子邂逅於對彼此都好奇的共有領域。發生了什麼事？讓我們來把它記住，瞧一瞧，並且加以討論。

7

教師擔任評量與溝通者

　　教師負責教學，也負責評量兒童的成長，並跟家長與學校當局溝通他們的評量。符合發展的評量有賴最了解教室中兒童的那個人進行兒童行為觀察，這個人就是他們的老師。持續觀察所提供的行為樣本與任何幼兒測驗所提供的比起來是綽綽有餘。持續性的觀察才能將焦點集中於孩子的能力，而不是缺陷上，也就是關注孩子會的事以及他所做的事情，而不是孩子不會做的事。

　　老師怎麼知道該觀察什麼呢？他們應該試著找出個別孩子的長處，包含興趣與技能二者，因為興趣的追求導致技能的學習，並且有系統地長期觀察，才不會有孩子被漏掉。有些孩子的記錄會比其他人多，但每個孩子均有一份隨著時間開展的記錄，描繪成長時各種多變的面貌。該記錄包含了教師利用照片、繪畫、與書面文字呈現出孩子的遊戲、語言、以及用非消耗性材料做出來的建構物（Kuschner, 1988; New, 1990）；也要包括孩子作品的樣品──彩繪、素描、跟手寫的字。例如有一位幼稚園老師（Meade-Roberts, 1988）將每個月的點名單樣本收進孩子的檔案夾裡，點名單上有她每天早上請孩子簽的名。這使他能看出孩子一點一滴地寫出自己名字的發展過程，就像馬可的「簽名」：

九月：　　NN

十一月：　MO

三月：　　MARCO

評量作為計畫的一部分

　　評量是課程計畫中重要的一部份。但是在美國，主導托兒所以上公立學校的標準化測驗評量卻不包含在教師計畫過程內。相反地，這類評量變成了老師的期末考：孩子們是否學習到測驗編寫者認為她該教給他們的東西呢？（Kamii, 1990, p. 15）我們就不難理解許多學校的主管回應這個系統的方式是要求老師「教考試要考的」──將課程設計成為考試而填鴨（Jones, 1987）。即使是托兒所老師也會感受到某種壓力而做出相同的事情，假如他們的孩子將來要上的幼稚園會依孩子對形狀、顏色、數字、字母的知識進行篩選的話。

　　要成為計畫過程不可或缺的一部分，評量必須由老師親自設計，才能協助老師了解每位個別孩子智力的成長。每個課程所設定的目標都應該符合發展，包含態度、氣質、知識、以及技能（Bredekamp, 1991）。學前教育階段使用的主要評量工具是針對包含遊戲在內的各個活動進行有系統的非正式觀察。

　　某位教五歲幼兒的老師其目標之一是孩子要學會小肌肉的能力，他每天在遊戲時間進行有系統的觀察。

　　　　每天我們記錄一個孩子所做的事以及他所選的第一個活動。過了許多星期之後，我發現艾得恩從來不選跟剪刀、蠟筆或彩色筆為伍的工作。他日記上的圖

畫都是隨手亂塗亂畫的，我就明白了艾得恩需要練習
一些他敬而遠之的事情。既然助教羅莎琳達跟我都同
意需要教教艾得恩剪東西，有一天早上，她就跟他坐
在一起，沒有批評他為什麼不會用剪刀，她示範給他
看。從此之後，他會自己選擇去練習；我從沒有單獨
點他去剪東西。年底時，艾得恩會剪了，通常剪得不
錯（Meade-Roberts, 1988, p. 96）。

　　這位老師之所以能觀察到艾得恩的小肌肉技巧，以及他堆積
木、交朋友、和運用語言滿足需求的技巧，因為他已經將舞台佈
置好了。他的課程裡的基本要素有：(1)提供環境，裡頭充滿許多
不同的、適合五歲孩子做的事情；(2)在那些不同的事物中，提供
不同的選擇；(3)安排計畫每天的時間，讓選擇能夠長期進行。藉
著允許艾得恩玩，他得以自由觀察這個孩子。觀察時，他重視艾
得恩所做的每個選擇，他也能記下艾得恩的長處與那些可能需要
老師去挑戰他的領域。

　　老師們也會計畫去挑戰一小組的孩子。有些學習計畫會設置
所謂的「委員時間」來平衡遊戲時間，在二十到三十分鐘之內，
同一批素質不同的孩子「會被限定在一個角落，想辦法運用開放
式的素材（例如積木）完成老師交付的任務。老師會計畫許多的
活動，這些活動涵蓋不同的能力範疇。活動的目的是希望孩子學
會小組一起工作，彼此互相依賴、互相幫助」（Stritzel, 1989, pp.
24-25）。老師選擇這些活動的標準是來自於觀察遊戲中的孩子；
分配好工作以後，他就可以用他在遊戲時採用的任何一個角色與
孩子互動或進行觀察。

當老師可自由選擇從何處開始觀察時，他們通常會合情合理地從班上最不上道的孩子開始（Prescott, Jones, Kritchevsky, Milich, & Haselhoef, 1975），並且偷偷地問：關於這個孩子，我能做些什麼？

我能學著更欣賞他嗎？

在二街托兒所，老師有幾天可以仰賴有經驗的義工家長幫忙，這時候，老師自己就可以在遊戲時間自由地進行觀察。利用觀察，他試著更了解一個孩子。假如他覺得處理某個孩子有困難，他解釋，就有可能決定他的焦點，就像她那天早上所做的。

> 吉米跟湯瑪士在團體時間與收玩具時間的出軌行為已經把我們搞瘋了。那天早上，吉米跑到門外。當他回來坐在桌邊時，生氣地將桌上所有的東西推下桌。遊戲時間開始，他正在吸大拇指。我本來早就打算要觀察他，但是我覺得他讓我太挫折了，所以我改為觀察湯瑪士。但是不久之後我也觀察吉米。以下是我的記錄。
>
> 8:55 湯瑪士已經晃了五分鐘。他現在消失，鑽進壁櫥後的角落。

9:05 湯瑪士消失了十分鐘。喔,他出現了。他又不見
了。我偷看角落裡,看他在做什麼。他將拼圖整
齊地(!)放回櫥櫃,然後看看那邊還有些什麼。
他把樂高拿出來。

9:10 莎拉靠近他的角落,我看不見她在做什麼,不過
湯瑪士大叫:「停止!」我跟莎拉說:「我覺得
他想自己玩那個。」莎拉拿一些珠珠到桌子那邊,
不打擾湯瑪士。

9:15 吉米(他剛去哪?)跑去湯瑪士那兒。他拿了些
樂高,然後倆人都在做東西,坐在一起聊天。他
們很好,很舒服。

9:25 喔喔,他們做了槍。「不准動,大家手舉高。」
吉米說,出來進入教室。「不准動,大家手舉
高。」湯瑪士說,跟過來。「我們有槍。」湯瑪
士對助教說。「不,」她說,「學校裡沒有槍。」
(可是他們已經有槍了,我講話也像那樣嗎?)
「你們可以做個火箭艦艇或是一輛車。」我好奇
會發生什麼事。這很難,但是我已經決定要堅守
我觀察員的角色,現在什麼話也不說……等著瞧。

9:30 他們倆人都回到樂高那個角落。「我有一把槍。」
吉米沒有特別對著誰說話。他拿一個字母拼圖下
來拼。湯瑪士與吉米進行安靜的對話,湯瑪士在

吉米旁邊組裝樂高，吉米拼拼圖。

9:35　湯瑪士與吉米已經晃出樂高角。吉米在看其他孩子玩線畫，湯瑪士在積木裡射槍。對我說：「我自己做的槍。」我勉強回應：「你自己做的槍。」他帶著槍走開，不時瞄槍，自言自語。吉米跑過來他這兒：「給我我的槍！」湯瑪士保衛他的槍，然後吉米跑回樂高角。他開始從樂高盒子裡挖他要的配件。

9:40　吉米目前已經埋首於樂高好幾分鐘了。湯瑪士到處找他，然後當他看見吉米在樂高角，湯瑪士加入他。現在他們又再度並排了，兩個人都專心地組裝樂高「槍」。哇，看那個！吉米從他自己那堆拿一個零件給湯瑪士。兩個人又專心建構。助教要不是決定忽視他們就是忘了這件事；她正為畫架彩繪忙著呢。也許她是被我的反應弄糊塗了？

9:47　收玩具的鈴聲。現在湯瑪士在閒晃和瞄槍射擊。吉米跟兩個女孩子拿著樂高手槍加入他。

9:50　吉米帶著一把複雜的槍遠從樂高角過來。一部份槍掉到地上。「看，你這個笨蛋！」當他到地上修理時，大叫著。「是我嗎？」其中一個女孩問。「不是，是另一個女生。」吉米說。他把槍修好然後去找湯瑪士。槍解體了，他在積木角修理。

9:55　有的孩子認真地在收玩具，助教在收，我在忙著
　　　看，吉米跟湯瑪士還拎著槍到處走。

10:00　助教：「好，大家過來坐在圈圈裡。」大部份孩
　　　子照做。湯瑪士正忙著他的槍。他開始把槍收好，
　　　又拿出來修理，然後小心地放在櫃子並且開始靠
　　　近圈圈。他遇到吉米，吉米有個聽診器。湯瑪
　　　士試圖去搶但助教收走了。兩個男孩拿起長積
　　　木當槍，繞著圓圈邊走邊走。「老師！」莎拉叫。
　　　他們被解除武裝。

　　後記：當我在圈圈裡說：「我們需要看看我們的
教室清乾淨沒。樂高桌子乾淨嗎？」吉米馬上反應。
那是他的角落，他回去檢查。當他回來時，收了一塊
積木。「誰是修理積木高手？」我問。「我！」吉米
說。「你已經輪過好幾次了，換別人。」我說。我想
我錯了；從此，吉米一直搗蛋無法穩定，直到助教把
他放到她腿上，說：「假如你要當我的幫手，你得坐
在這兒。」老天保佑。他愉快且放鬆地坐在她腿上，
並且全心全意地參加五隻小猴子的唸謠。

　　我學到：湯瑪士玩了一個鐘頭，吉米玩了四十分
鐘，大部份是認真地建構樂高。他們有能力當朋友，
玩扮演遊戲。他們玩的是違反規則的手槍遊戲，不過
他們的槍是用來吹噓的，沒有用來打擾別人。我很高

> 興我沒有阻止他們；他們做槍做得很辛苦，而且做得很好，我想他們需要槍來防身。他們兩個都還不覺得托兒所是個舒服的地方。我覺得我現在比較喜歡他們了。

　　藉由聚焦式的觀察，這位老師比以前更了解那兩個他覺得老惹麻煩的孩子。他從他們全神貫注的遊戲與平行遊戲中發現一些真正的長處，其中包含合作與對話。他們喜歡在一起，也喜歡有私人的工作空間。這些是三歲孩子，他們以前接受過許多必要的影響式力量；他們在這邊發明一些有影響力的方法。看著孩子，老師對他們的遊戲產生了興趣。他超越自己執拗的應付式問題：我能拿這孩子怎麼辦？變成孩子中心的問題：這孩子對什麼感興趣？他正在處理什麼議題？他知道些什麼？他接下來可能會學到什麼？

從孩子的長處著眼

　　比較了解孩子的老師的確比較有可能喜歡他們。而且這種類型的老師有能力將自己的感覺傳給家長，有些家長也不了解他們的孩子，被孩子搞得很挫折。在傑佛遜托兒所，凱利的媽媽已經跟老師講過，她對凱利對待他弟弟以及鄰居小孩的方式覺得很不

耐煩。老師已經觀察到，凱利非常想交朋友，可是其他孩子通常會拒絕。他會找個人來亂打一陣以發洩他的沮喪。

　　凱利的老師也常被他激怒。老師已經很努力、刻意地以最好的角度觀察凱利的行為，想找出凱利的長處，希望能利用來建立這孩子渴望已久的關係。凱利對書寫文字濃厚的興趣是老師懂得欣賞、並可加以利用的，用來改善自己與他的關係；也用在計畫活動以挑戰凱利和其他的四歲孩子。

　　　孩子們前一天在紫色的彩紙上用粉筆作畫。這些作品已經黏好，當作書皮，裡面裝訂著白紙。當孩子們通通坐在小地毯上時，老師一本一本發給他們。

　　老師：凱利，這是你的。

　　凱利：謝謝。

　　老師：不客氣。

　　凱利：裡面有紙嗎？

　　老師：假如裡面有紙，你可以用來做什麼？

　　凱利：你可以在裡面寫字。（他檢查一下，很高興。）

　　老師：現在我們要去桌子那邊而且要在書裡畫畫，也許我們還在裡頭寫字，好嗎？

　　　桌上準備了幾盒新蠟筆、鉛筆、和原子筆。大人跟孩子坐在一起，假如孩子要寫字可以找他們。

凱利：我畫了一個颱風。

老師（寫字）：凱利畫了一個颱風。（凱利念出來。）

路意士：你可以畫車子嗎？

老師：我會幫你寫車子。你希望我寫在哪裡？

蘇珊娜：老師！我寫了我的名字。

芭芭拉（用蠟筆在每一頁畫畫並且用原子筆在每一頁「寫字」）：我也寫了我的名字。

路意士：我在寫數字！老師，看我的數字。

凱利：那是我的賽車跑道。

老師：要不要我寫字？

凱利：凱利畫了這個賽車跑道。賽車跑道怎麼寫？

老師：我會寫給你看。

凱利：我想要長一點的。（他把她寫的句點放大。）這是另一個賽車跑道。

路易士正在為凱利寫數字。

凱利：動物園。凱利寫了個動物園 ZOO。這是動物園裡的賽車跑道。（他塗鴉，然後小心地寫一個 O——「還有一個 Z」，他說。）這是動物園裡的賽車跑道。

路易士：這是動物園裡的賽車跑道。

凱利（用滿手的蠟筆著色）：路易士！看，路易士！

路易士：老師，看哪。我畫了門，還有房子，還有車子……房子裏的摩托車，它會噗噗……我還沒畫完。

畫畫、塗鴉、寫字、還有口語吸引所有的孩子長達二十分鐘。快結束時，凱利消失到桌下，芭芭拉跟路易士和他一起。其他孩子繼續工作。然後凱利又出現了：「我回來了。我不再隱形了。」

（珊卓拉雷果／觀察員）

這孩子是誰？

　　在兒童遊戲時進行觀察才能注意到每個孩子的獨特性。遊戲跟語言，有如造像與寫作，反映出孩子最重要的。六到八歲（與超過這年紀）的孩子若要成為寫作高手，必得發現自己的聲音（Ashton-Warner, 1963; Dyson, 1989; Graves, 1983; Johnson, 1987）。三至五歲的孩子要想成為遊戲高手，發現自己的聲音是同樣必需的，那是發展自我概念的一部份。擅長遊戲的幼兒知道自己是誰；藉著遊戲展現自己，正如他們未來將利用寫作表現自我。

　　想幫助所有孩子精通遊戲的老師很值得試試葛瑞夫（Graves,

1983）提出的認識每個孩子的方法。分三段落：

1. 試著從記憶中搜尋，列出班上所有的孩子。（然後畫一條線，在下面加上那些你忘記的孩子。）
2. 列出每位孩子的經驗與興趣。
3. 針對各項興趣，顯示出你是否曾經、以及如何特別為孩子確認該興趣。你曾經怎麼幫助他／她玩扮演遊戲、談論該興趣、承認它是有價值的？

葛瑞夫（Graves, 1983）曾說：

　　　分段練習的最終目標是要將三個段落全填滿，要把孩子特有領土的相關資訊牢牢記住。那些最難找出領土資訊的孩子，就是最需要領土的孩子。他們通常是那些難以選擇主題、定位自有領土的孩子。他們認為自己什麼都不懂，沒有屬於自己的專屬領土，沒有立足之地（pp. 22-23）。

　　孩子需要許多時間探索、選擇，才有辦法定位他們自己的領土。二街托兒中心的教職員已經在實驗延長戶外時間，他們每次只讓一半的四歲孩子進教室，參與教師設計的小組活動。教室裡頭「比較不亂，比較不吵。」助教高興地說。戶外那些孩子已經有很多時間從事體能活動，開始很自然地被畫架跟桌上活動吸引，他們在那邊主動地創造形狀與顏色、字母與數字。他們輪很多次去畫畫——兩次、三次、甚至於六次，而且假如他們需要更多空間，畫紙與顏料也可以放在桌上。每次只需監督一半的孩子讓老師覺得自在從容。

賴瑞（一直在畫看來像是D的形狀）：我在畫4。

老師：你畫的是4，我們這兒有好多4。（等他畫好了，她欣賞他畫作中的顏色。）那種顏色跟我的毛衣很相配，對不對？跟我的襪子也很配。

凡妮莎（剛到）：我要畫兩張圖，可以嗎？

老師用印刷體在紙上寫「凡妮莎」。凡妮莎拿彩色筆重複抄寫她的名字，展現驚人的能力。她沒有畫畫，而是繼續用彩色筆寫字，然後假裝寫字，最後用螺旋把畫紙填滿。觀察凡妮莎就會很清楚地知道皮亞傑是對的：兒童為自己建構系統，包括書寫語言。

賴瑞（非常感興趣）：她為什麼在寫名字？她要再寫一次嗎？

老師：她在練習她的名字。

賴瑞：我也可以練習我的名字嗎？

老師：可以，等她寫好。

賴瑞：你會幫我嗎？（他從腳踏車上下來。）

老師（跟動機很強的凡妮莎一起唸字母）：寫得很漂亮，對嗎？

艾德華已經在另一邊的畫架畫了很久很久，畫好了。老師請賴瑞來，換他畫。她用印刷體寫他的名字。他拿彩色筆做實驗看彩色筆可以畫出什麼。受到凡妮莎的啟發，他試著寫些像字母的形狀，不過後來他發

現了點，當他點了許多許多點以後，數了起來。然後他開始作記號，為他們取名字。

賴瑞：這是我媽咪……不，那不是我媽咪。這是隻蜘蛛。

老師：你媽咪在哪裡？

賴瑞：我正要畫她。在這兒……這是我的床……，這是我弟弟……媽媽。

對老師而言，那很明顯，賴瑞跟凡妮莎的書寫是處於不同的發展階段（見下頁圖7-1）。 當他環顧四週，可以見到這八個孩子目前好像都在素描與彩繪，各自處於不同的發展階段，專注著自己的事。每個孩子都在發現、練習並精進各種圖案。每個孩子反覆來回於較成熟與較不成熟的表現手法間；他注意到凡妮莎正愉快地用染料將自己的手染成「匝色」，然後用黃色將雙手塗滿，做「手套」。他以沾滿顏料的雙手印滿桌上的一張紙。

史黛芬妮不喜歡在自己的手上塗色，但她喜歡凡妮莎的好主意。她用彩色筆描自己的手形。凡妮莎喜歡那個主意，而且很快地，幾乎每個人都在用彩色筆畫手，描自己的手或是自由地畫。理察告訴老師他畫的是個棒球手套。愛德華畫的手有四隻手指與腕關節。凡妮莎的手有五根指頭；她已經畫了一整頁的手，用

不同顏色的彩色筆。現在她把每隻手用線連起來而且其中有些還加了腳！（見下頁圖7-2）

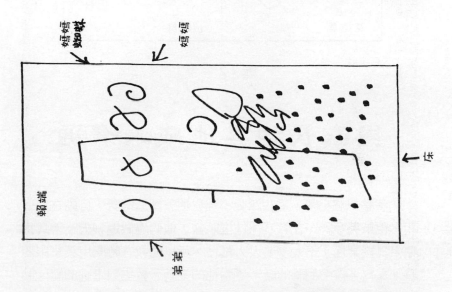

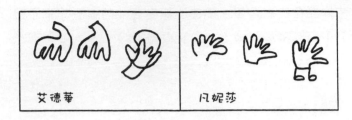

艾德華　　　　　凡妮莎

圖 7-2　手

與家長和其他成人溝通

　　整整一個小時，這些四歲小娃兒忙著創造符號，自動在戶外用彩色筆與顏料，在教室裡做拼貼畫，他們邊做邊聊天。因為拼貼畫具探索性，不大需要大人幫忙，所以助教有時間用英文跟西班牙文寫下孩子們講的話。感謝他的主動，教室跟走廊的牆壁貼滿了孩子的美術創作、一些活動照片、跟他們講的話。孩子們跟爸媽一起在牆上找他們的名字，聊聊他們做過的事。牆上呈現孩子們的遊戲及語言的書面記錄，伴隨孩子自己的作品，老師傳遞給家長與其他訪客一種直接的訊息：這些是這兒發生的重要事情，孩子們正透過他們的活動在學習。

　　這些老師也預期到可能遭受的批評（「他們就只是在玩而已。」），因應之道是分析並貼出孩子在各個自由選擇區學習的內容。圖 7-3（頁 154）的範例來自另一位老師安妮所羅門（Anne Solomon），她在加州洛克林學區教幼稚園。

　　大部份的幼稚園和一些托兒所會要求：老師在開會時與家長溝通觀察所得，或是以書面的方式報告。喜橡園托兒中心的每個孩子都有一本筆記本，由家長與校方保育者書寫，並在兩邊往返流通，用來分享他們共同看顧對象的點滴。喜橡園托兒所的老師與實習生每年要寫兩次敘述式的報告，描述他們在學校觀察到的孩子的體能、社會、情緒，與認知發展。

　　二街小學幼稚園以前用過成績單，教師得在上頭評定每個孩子的進步是滿意或不滿意。近來老師們一起經過長達一年的通力合作，創造出一個發展記錄圖表，在該圖表上，孩子的成長可依著自然的進步軌跡進行記錄，不再有哪個階段被標示為不滿意。家長們很高興，老師也發現這個圖表很有用，使他們觀察孩子時更能抓住重點（Jones & Meade-Roberts, 1991; Meade-Roberts, 1988）。在圖表廣義分類為：語文技能、算數技能、好奇心與創造力、體能發展、社交技巧、達成學校與教師期望的能力，老師可注意等待孩子是否朝向他所設立的優先發展目標前進：(1)表現的能力，與(2)關係的能力。在表現這個大能力下，他仔細觀察語言，扮演遊戲、用教材建構與創造、以及語文跟算數發展。在關係這個大項下，他很注意孩子在溝通、合作、同情、與解決衝突時所表現的關心別人。孩子若身為肯負責、深思熟慮的團體成員，表現出自信與創造力，就已經準備好迎接未來任何的學校教育。

　　至於在那些讓孩子上相同課程的教室裡，學的東西是不一樣的，溝通給家長的訊息也不一樣。牆上的東西反映的是成人的，而非孩子的活動：「我們正在學關於兔子（或秋天、或是聖派翠客節（譯者按：三月十七日是一個愛爾蘭節日））」，而且我們的老師已經為我們靈巧地剪出形狀，讓我們黏兔子耳朵（或是已

經收集好圖片），目的是要提醒我們記住她爲我們選好的主題。」

積木

— 角色扮演：建造農場、城市、學校、房屋，並演出各角色
— 解決問題：弄明白如何做某件事並用材料作試驗
— 合作式遊戲：與朋友合作，一起做事情
— 口語語言：討論做了些什麼以及是怎麼做的
— 模型：運用積木建築爸爸、馬路，試相似的建築物
— 表徵：建造某個看起來像孩子已知的東西
— 部分至整體：看見各個小的積木可以用來製造某個比較大的東西
— 配對：做兩條長得相等的馬路；讓兩座塔看起來一模一樣
— 創造：創造自己的點子
— 自尊：對創造出來的東西感覺很好——對自己的成就就覺得驕傲
— 測量：弄清楚要多少等相等的各邊照積木的各邊需要多少積木
— 分類：收玩具時間，孩子依照相似性將積木予以分類
— 平衡：用積木作實驗，做沒有一邊會相碰的某個東西
— 延伸文學：創造出自己聽過的故事中的某個東西
— 形狀與大小的字彙：長方形、正方形、三角形、長的、較長的
— 大小觀念：比較短、比較長、長的、較長的、最長的等等

二街托兒中心教室裡養了隻兔子，有位觀察員造訪，此時正在欣賞老師與孩子製作的、貼在牆上的展示品。籠子上列了張孩子發明的「彼得的規則：不要讓兔子彼得掉到地上。不要把牠藏起來。不要在籠子裡放東西。不要擠水……」規則旁邊是史黛芬妮自願畫的一隻大兔子，畫紙角落有個小籠子。

代課老師跟觀察員抱怨：「這些小孩真是無法無天。我覺得他們應該學學是非對錯。我以前都教數字跟顏色，可是這邊的人不准我們用圖樣。連小兔子都不行。」

「可是你看看史黛芬妮的兔子，」觀察員說，「那不是比任何老師製作的圖樣更像兔子嗎？」

「嗯，也許吧，」代課老師說，「可是那個史黛芬妮，她很聰明。大部份的小孩沒辦法畫出那個，你知道的。」

因為史黛芬妮的老師尊重每個孩子創造自己表現方式的能力，代課老師還會繼續覺得挫折。但他不是唯一的一個；許多跟孩子工作的成人喜歡剪出圖樣，也喜愛逛街買節慶裝飾品。那是當他們還是學校裡的孩子時，他們的老師所做的事；現在，輪到他們盡老師的本分。牆上裝飾著那樣的東西才好跟其他的成人，包括

家長在內，保證這兒真的有課程在進行。為了要幫助成人了解孩子們有自製展示品，以及看到用他們的話呈現的模型的需求，體貼的溝通是必要的。

與孩子溝通

在孩子的作品看起來都差不多的教室裡，孩子是在練習老師的想法。當我們鼓勵孩子為自己創造時，他們會學到很多種做事情的方法。以風箏為例：有時候老師知道風箏的造型，會切割出菱形，讓所有的孩子黏上尾巴。可是真正的風箏的確有不一樣的形狀，而且想像的風箏還有更多種形狀。

在西麥迪遜托兒所，喬琪娜維拉瑞諾（Georgina Villarino）決定要鼓勵異質性思考，在美勞角放了各式素材：不同形狀的紙、紙盤、有洞的圓圈、心形、羽毛、花、衛生紙捲筒、毛線，然後每次邀請一個孩子來，這樣他們才不會互相模仿。那輝煌壯觀的結果，加上孩子的畫，現正懸掛在一個大公佈欄上，上面是淺藍色，下面是綠色（見下頁圖 7-4）。

「孩子真是很注意像這樣的公佈欄，」喬琪娜說，「他們自己做的，而且很容易分辨是誰的作品。他們尋找自己的名字。他們搬椅子到佈告欄，然後站在椅子上，看他們的言語，摸風箏並討論。他們還給爸媽看。家長們開始相信我們這兒真的有在教孩子。」

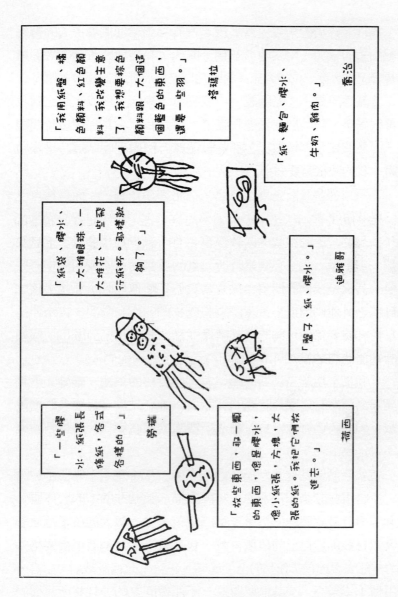

喬治

「紙、麵包、嘿水：
牛奶、雞肉。」

塔瑪拉

「我用紙盤、橡
色顏料、紅色顏
料，我改變主意
了，我想要棕色
顏料跟一大個這
個藍色的東西，
還要一些羽。」

迪斯哥

「罐子、紙、嘿水。」

瑞瑞

「一些嘿
水，紙張長
條紙、各吉
各樣的。」

喬西

「放些東西，那一顆
的東西，像是嘿水、
像小紙張、方塊、大
張的紙。我把它們教
連去。」

圖 7-4　風箏要怎麼做？

擔任記錄者的角色，寫下孩子們的話語給他們看，老師得每天記簡短的筆記。相反地，本章一開始，湯瑪斯跟吉米的老師所做的筆記曾引發一位訪客充滿驚嘆地問：「你常常寫這麼多嗎？」

「當然不是，」老師說。「我喜歡寫東西，所以記筆記對我而言很好玩。我的朋友覺得我瘋了。可是我很少花那麼多時間觀察，而且假如我那樣做了，那些筆記該怎麼處理呢？這時是險中求勝。我的確很需要知道那些孩子在搞什麼。」

「所以那些筆記是為你自己，」訪客察覺到，「你是為自己進行兒童研究。」

「是的，而且跟我的助教分享，有時候也當作參考。」老師解釋，「不過，我留心觀察時所見到的遊戲品質使我相信：需要改變的其實是我們的期望。只有當我們打斷他們時，那些男孩才變得惱怒。他們還很小，還沒調整成我們的作息時間。吉米非常想幫忙，只要給他足夠的時間轉換並弄清楚發生了什麼事。假如我們知道他們是怎麼回事，就可以合宜地管理他們。」

「我甚至還給湯瑪斯的媽媽看某些我寫的東西，讓她知道我很高興湯瑪斯有這麼長時間的注意力。她有點擔心這麼多的槍戰遊戲，因此我們有個機會討論他所觀看的電視節目。所以到頭來這不只是為了我。」

這位老師跟其他我們描述過的老師一樣，定期記錄孩子的語言，並將這些記錄和孩子的塗鴉與素描一起貼在牆上的公佈欄。他發現對此最感興趣的是家長跟四歲孩子；三歲大的孩子還忙著探索教材跟創造自己的象徵符號，包括樂高槍。他發現得要格外努力才能表現出孩子作品的全部範疇，包含了改編成戲劇、語言、和用積木或樂高，或其他要收拾、不能帶回家的非耗材所建構的

東西（Kuschner, 1989）。

　　建構物可以保存或標上標籤一小段時間；孩子可以為自己寫上「請保留」（PLS SV）的標誌或是口述給成人聽。因為這個學校有上午班跟下午班，孩子們經常選擇保留某樣東西給另一組孩子看。經過適當的標示——「盧茲跟班蓋的機場」——就等著其他孩子去發現，老師會幫他們讀標示，然後如果他們願意，就進行討論，當他們執行自己堆積木的想法時，會加東西上去，或是拆了它（Olivia Rivera, personal communication, 1990）。當孩子跟不曾碰面的、別的孩子分享教室時，訊息是很重要的。

　　與孩子溝通是雙向的過程。凡妮莎跟賴瑞及他們的朋友們以行動讓老師知道他們所了解的寫字跟畫畫——還有手。老師選擇以充當團體「記憶」的方式跟隨這次活動（New, 1990, p. 8）；隔天，老師提醒孩子他們做過的事，並將自己的呈現方式補充在他們的作品上。發現他們的「手」難以抗拒，他決定要維持這個興趣，角色轉進為萌發式課程的計畫者（見第八章）。

責任歸屬：我們怎麼知道

他們在學習呢？

　　有很多背景不允許老師跟孩子在學校玩。學習是嚴肅的；「讓我們開始認真工作」。家長與行政人員，以及許多老師都對孩子「光在玩」抱持懷疑的態度。他們的普通常識與導引美國教育的行為主義理論產生一種視教學如工程學的論調：「一種有系統的、根據事先決定的清單，塑造行為的過程，就像工廠是將原料塑成事先設計好的產品」（Donmoyer, 1981, p. 14），行為改變的教學觀與這種意向一致，用的是交易市場的隱喻，該系統的基礎是報酬而不是禮物。這些方法「不可避免地促進了工作與遊戲的二分法，或是，更廣義地，區分某人做某件事是因為他必須做，而做某件事是因為他想要做。」（Franklin & Biber, 1977, p. 8）。

　　在一個以技術與消費為重心的社會裡，盛行這種觀點是可以理解的。但是流行的意見與發展理論產生衝突。回顧行為主義與皮亞傑在心理學歷史中的相對地位，科米（Kamii, 1985a）做了解釋：

　　　　科學均始於研究表面、可觀察、與有限的現象，並
　　且只以常識解釋那些現象。我們也就不必驚訝心理學家

也是始於研究行為，行為比複雜的現象，例如人類知識
與道德容易研究。說教與獎賞非常合乎常理，但是教育
者超越只用普通常識的時代已經來臨了（p. 7）。

　　在建構主義的理論中，科米解釋，孩子的學習是經由一個層
次的錯誤，進階至下個層級。科學與教育以相同的方法發展。學
前教育的發展觀點呈現的是比工程學的隱喻複雜、且相容的學習
理論。它用的是成長的隱喻：教師不是能幹的工程師，而是遊戲
的培育者——培育孩子的自發性行為。這個定義在我們熟知的教
學概念中找不到。

　　那麼，培育遊戲的老師在行政上與道德上均有義務要對那些
不熟悉這個學習觀點原理的人負責。由於遊戲價值普遍受到質疑，
因此老師讓孩子遊戲時，那些在我們的經濟體系中向來弱勢的家
長會特別憂心則非偶然。他們的孩子在我們的學校一直沒有被好
好地對待，通常是因為老師不相信孩子有能力學習。「你教我的
孩子！」是個來自任何家長可了解且合情合理的要求，尤其是出
自那些深深懷疑他們的孩子是體制下種族歧視或階級歧視的犧牲
者的家長（Clemens, 1983; Delpit, 1988）。

　　我們強調教師扮演記錄者、溝通者、與計畫者的各個角色都
是要回應這些真誠的關心。我們發現，假如教職員分擔了家長對
孩子教學的關心，就能夠欣然轉進記錄者的角色，而這顯然支持
讀寫能力，也讓教職員在孩子遊戲時負責主動。記錄的成果變成
跟家長與其他成人的有效溝通。注意讀寫能力的劇本，藉著隨手
可得、豐富的寫字材料與書本，並用這些回應孩子的遊戲，又進
一步支持了孩子在學校中最重要的技能成長。

孩子遊戲時會練習批判性思考、異質式思考、與解決問題，這些對日後他們在學校所需要的較高層次的思考很有幫助，雖然家長比較難以相信這個結果，尤其是那些重視服從與機械式練習的家長。莎莉布萊斯海斯（Shirley Brice Heath, 1983）描述 Roadville 這樣一個白人社區工人階級的孩子，他們的家長希望幼兒在家裡聽從書上唸的故事，唸完之後要回答問題，還要做習作功課。「Roadville 的成人相信：逐漸灌輸孩子字詞適當的用法與了解書寫文字的意義是他們的教育和宗教成功的重要關鍵。」（p. 60）然而，書本與故事均與 Roadville 其他部分的生活脫節，而且家人不用文字或想法玩遊戲。

Roadville 的孩子剛上學頭幾年表現得都不錯。他們已經學到學校遊戲的表面規則：注意、照著規定做、以及尊敬書寫的文字。可是當他們被要求去創造或批評故事，或是回答假設性問題時，就被難倒了。

> 所以他們剛開始成功地閱讀、當好學生、遵循命令、和課堂參與時堅守常模等等，差不多在他們進入四年級之後，會開始快速地退步。他們所熟悉的問題與閱讀習慣在較高的年級已減低其重要性與頻率，他們沒有辦法跟上學習進度，沒有辦法尋求幫助，而他們甚至於不知道自己不知道這件事（Heath, 1983, p. 64）。

創造、批評故事，與處理「假如」這樣問題的技能是透過遊戲與遊戲式的對話學習的。在孩子持續建構知識、學習怎麼學習的過程中，三至五歲孩子的遊戲是重要的發展階段。當老師培育

孩子的遊戲時，需負責他們的學習，老師在體貼且具想像力地回應別人的期望時，仍舊肩繫著課程決策的重任。

8

教師擔任計畫者

「你們有沒有看見我貼了什麼在牆上？」

二街托兒中心的老師問理查跟愛德華。「我的手！」愛德華激動地說，認出他的名字跟他的畫。理查的「棒球手套」也在那兒，但理查沒注意到；他已經看見老師放在下面櫃子裡的真棒球手套，跟其他幾雙放在一起，有各種尺寸。愛德華帶上袖口有兔毛的手套，並且用手套摸摸臉頰。賴瑞來了。

「誰弄的？」他問，指著佈告欄底端一排手形剪紙。

「我弄的。」老師說。「我描自己的手，然後剪下來。」

「我也可以剪嗎？」賴瑞問。

「當然。」老師說，很高興他有興趣。紙、鉛筆、和剪刀都已經在桌上。賴瑞跟理查動手練習剪，對他們而言，挑戰性十足；那些手暫時被拋諸腦後。

不過，老師還有許多跟手有關的後續想法。燈照在紙張上提供機會玩影子遊戲；他愉快地記起爺爺以前在他臥室牆上做出的各種動物形狀。戶外也能做出影子。他也記得有一次看過瑪門錢茲啞劇團，用戴著黑白手套的手在黑色背景前移動。他受這個記憶啟發，要試著用黑紙襯出偶台，再找更多手套。

他的助教懂些美國手語；也許他可以教孩子一些手語。戶外

有凡妮莎主動塗她的手；那又是另一種做手套的方法。手有不同的尺寸；而且不用上色就有不同的膚色；何不試試照下大家的手然後再用照片與真的手玩配對遊戲？當成人和兒童講話、創造、比較與問問題時，他們就會持續共同學習。

　　假如孩子感興趣，他們的主意就會跟老師的交融，擴充衍生成兒童的自發性遊戲與圖象製造的方案。這種方案挑戰兒童的思考並擴展他們的遊戲（Katz & Chard, 1989; New, 1990），結果可能會刺激每個人參與。但是爲遊戲做計畫並不是從方案開始，方案由教師設定方向，而且有時候，老師基於熱忱，會接管。計畫則是一種萌發的過程，遊戲有優先權。結果會是萌發式課程——在這種課程中，成人跟孩子均行使主動權並做決定。

萌發式課程

　　任何課程都是某個人從世界上所有等著孩子去學的事情中選擇的結果。萌發式課程中的選擇，是由孩子跟了解他們的成人所做的。然而，萌發式課程從不是只建立於孩子的興趣上。老師也是人，他們有自己值得與孩子分享的興趣。藉由做某些老師們自己喜歡的事，他們示範了知識與熱情——即使是成人也繼續在學習——並且保持對教學的興趣。

　　學校與社區、家庭與文化認爲孩子應該學習的價值有助於決定課程內容。課程還萌發自環境中的人、事、物，或是來自日復一日共同生活歷程中所有的議題。照顧、表達感情、解決問題與

人際糾紛不是對課程的干擾，而是基礎的課程。

視導員（譯者按：美國公立學校或學區負責指導教師備課、教學者）通常要求老師在事實發生前寫好「教學計畫」，希望確保提供給孩子的活動曾經過仔細思考。任何經過審慎思考的課程計畫均應反應孩子所在的位置，與反映出帶領他們去的地方，順著一致同意的目標方向。假如課程是預先朝著行為式的目標，通常是直線狀的，只有一條路可走。但是學習不是線狀的，就像它常發生的，當新的連結產生時，學習是朝著無法預期的道路分歧前進的。根據這個理由，網狀式的計畫比大綱式的好，它預留了許多空間以便加上每位參與者的靈感。（本章稍後在「介紹新主題」的段落，將呈現一個範例。）

萌發式課程的計畫非常倚重觀察，而且最好是在事實發生之後才呈現該計畫。老師的目標廣泛而不是狹隘明確。他不會宣稱將在十二月一日前教會八成的孩子說出八種顏色——那種為老師與孩子雙方預留許多失敗空間的行為目標（Jones, 1983）。相反地，他提供一個充滿選擇的環境，當孩子在裡面邊探索邊玩時，他們將有許多機會去：(1)聽見與使用口語語言；(2)探索各種的藝術素材；(3)看見與討論書寫文字；(4)練習解決人際問題；(5)獲得不同的身體技能，更有甚者，假如他覺得重要的話；(6)注意到不同東西的顏色，並在討論這些東西時，聽見這些顏色的名字。

因此老師的事前計畫包含了硬體環境的內容與組織以及時間表，還要包含每天的故事、歌曲、活動、與對話，這些每次約選一週的份量並預留最終更動的空間。任何要強調的主題可標示為幾個月或一整年，期待某些非預期的興趣會在途中萌發。所有的計畫均是在了解該課程的廣泛目標的基礎上進行的。然而，不會

出現「孩子們應學會──」這種目標；相反地，孩子們將會有機會去做──，老師則有機會藉由觀察他們而學習，方能繼續根據孩子所做的事思索計畫以建構他們的知識。

藉著在有組織的空間中所提供的教材與互動，教師得以啓動遊戲。他們持續注意孩子們實際在做與在學的事，視現場需要調整計畫，並以即席教學回應孩子們的想法與興趣。先有探索與身體動作，然後才會掌控遊戲。當孩子身爲能幹的遊戲者與團體成員的地位穩固之後，才是準備好接受如上所述的手的主題或是下面要敘述的蝸牛主題這類挑戰的時機。

老師經由觀察遊戲去發掘孩子的技能與興趣。肩負計畫者的角色時，老師可專注於環境，因爲它要支持遊戲、或者是注意遊戲劇本本身。

審視環境

孩子們如何利用教室或院子裡一個挑選過的角落？經過幾天或幾個星期之後，有沒有人看書或選擇拼圖或是蓋積木？假如沒有，那個活動是不是該收起來一陣子？或者，如果老師認爲該活動重要，他能不能想辦法重組或移動或加其他材料上去，以提供新奇的魅力和增加明確度與複雜性？他可以發展出一個課程主題去刺激孩子對那些教材的興趣嗎？

由於觀察而產生行動。在下面這段插曲中，老師是始於管理上的難題而開始仔細觀察，爲了要了解孩子的需要，結果出現一

個遊戲的點子，他知道他會很喜歡並預測孩子們也會喜歡那個點子。他是個有經驗的老師，而他的預測通常正確。

二街托兒所近來小小孩玩沙被形容成是丟擲，而不是進行有意義的挖掘或建造。穆漢米德，一個精力特別充沛的三歲孩子，不斷測試成人的耐性；他們很想在他比較容易激動的時候禁止他接近沙。可是沙這麼多，玩沙可以學到這麼多東西，所以老師沒那麼做，他反而發明新的遊戲劇碼，希望能讓挖掘更富趣味。

有一天助教跟一位有經驗的義工家長兩個人都有空，可以監督室內遊戲，老師邀請一小組孩子跟他到外面去。「我們坐在桌子這邊，這樣你們才看得見我的書。」他說。故事是關於一根失蹤的恐龍骨頭。他跟他們看了幾分鐘圖片，然後問他們想不想找找失蹤的骨頭。「我覺得我們應該試試沙箱。」他說，拿出湯匙以便挖掘。沙箱裡也有工具，因此穆漢米德把湯匙換成大杓子，挖得很帶勁。而且沙裡面的確有骨頭可找，是那天稍早老師埋的雞骨頭。

班：我們在用肌肉。

穆漢米德（展示給老師看他手上的肌肉）：大肌肉。

老師：很好─用來挖骨頭更好！

穆漢米德丟沙，沙子跑進他頭髮裡。他抱怨。

老師：穆漢米德，你要小心。假如你是考古學家，你必須小心地挖。

莎拉擋到穆漢米德的路。他用杓子打她。

老師：穆漢米德，你不可以打朋友。

很明顯地，他們是朋友。他們正熱切地聊天。穆漢米德展示肌肉給莎拉看。他很認真地挖。

老師：覺得你們就快挖到所有的骨頭了嗎？

穆漢米德：不，還沒有。挖，挖。我找到一根骨頭！（所有的孩子都在挖掘。穆漢米德丟沙到沙箱外。）

老師：記得，穆漢米德，不要這麼高。

他努力妥協將沙丟低一些。他正在享受挖與丟的連續動作所提供的大肌肉活動。他實驗一種流暢的擺盪動作將沙丟出一個可愛的弧形。

穆漢米德（再度努力挖掘）：我找到另一根骨頭！

莎拉：我找到一小根骨頭。我是骨頭收集者。

班（問莎拉，她正在丟沙）：你在挖洞嗎，莎拉？

穆漢米德：住手，不要把沙弄到我身上。

莎拉：給我我的湯匙。

穆漢米德：那不是你的湯匙，那是我的湯匙。

莎拉（抓住）：那是我的！

穆漢米德：不，我要要回來！（他現在哭的很大聲。）

老師：最近找到更多骨頭了嗎？

穆漢米德（突然停止哭泣就像他突然開始一樣）：沒有。

莎拉：老師，我聞到這兒有根骨頭。

老師：你聞到骨頭？（她開始挖掘，穆漢米德幫助她。）

莎拉：好耶，穆漢米德，我們找到全部的骨頭，對吧？它是根寶寶骨頭。

老師：我們得小心地挖。沙坑裡有根寶寶骨頭。

莎拉（跟班與穆漢米德聊他們收集的骨頭）：我們來煮他們。

老師：當你煮他們時，會有什麼？

莎拉：雞。

老師：喔，你從骨頭開始，會得到雞？

莎拉：對呀。

「孩子們的確知道那些是雞骨頭，對不對？」助手說，他剛好出來，無意間聽到這個想法。

「對，他們知道。但是他們假裝找恐龍骨頭很好玩。我也

是。」老師說。「孩子們也許不是真正關心考古學，但考古學讓我覺得這個活動更好玩。而且當我玩得高興時，對丟沙的孩子比較有耐性。我也注意到穆漢米德丟沙不是爲了要干擾別人。他是在用那些大肌肉，我也看到他真的在注視沙子在空中的運動。」

這個遊戲持續了一整個小時。在一個小地方工作，三歲孩子經常遇到領土問題，老師協助他們解決。解決問題是他們這個「挖掘」工作的重要部份。而且這些挖掘者對他們的工作懷抱熱情，就像三歲孩子該有的樣子。

爲孩子的遊戲劇本命名

孩子們現在在玩哪些劇本？老師也許可以列個清單，記下他無意間聽到的或是他選擇實地觀察的劇本。劇本的變化有多少？哪些孩子玩哪種劇本？他們有沒有性別偏見？有沒有任何他想試著介紹，擴充孩子的戲目？

孩子們展現出的劇本相關知識有多詳盡？他們知道哪些關於醫療場所的程序，關於煮一頓飯的順序，關於飛機的行爲？他們的字彙豐富嗎？老師可利用觀察得到一些主意，在孩子已經建立的遊戲劇本範圍內，爲他們增添道具並增加新詞彙。藉由這樣做，他可以了解他們是不是準備好更多的細節與較「激烈」的情節。

喜樂園托兒所的小寶寶娃娃已經被餵了好幾天了。今天老師問，「你們的寶寶已經夠大可以吃嬰兒副食品了嗎？」卡蜜拉想了一下，「不，她要她的奶瓶。」她為寶寶打嗝然後把她放回床上，老師沒有堅持。可是兩天以後，卡蜜拉突然說，「她現在夠大了。」老師已經忘記了，「誰呀？」「我的寶寶。」卡蜜拉不耐煩地說，「她想吃嬰兒副食品。」

當孩子們想要時當然知道他們想要，老師高興地想，當他走到櫃子去拿他事先儲存的嬰兒副食品罐。「給你。有梨子、麥片以及濾過渣的豆子。你找得到湯匙嗎？」是的，卡蜜拉可以。她把寶寶放在高腳椅上，老師找一找，找到一個圍兜，然後就為這個遊戲加上了新場景。

佛南度開車的劇本好像名為「撞車！」因此老師已經開始擔心他騎的那輛腳踏車的堅固程度。當他第五次開車的時候，老師靠近他。「你撞得真嚴重，」他向他確認此事。他咧嘴笑，「這是我的撞毀車。」「你爸爸的車也撞壞了嗎？」他問。「他有一次撞車。」佛南度說。「你當時在那兒？」老師問。「媽媽跟我在後座。」佛南度說。「那一定很可怕。」老師暗示。「媽媽害怕，」佛南度承認，「然後爸爸說了許多話，我不怕。」

「車子怎麼樣了？」老師問。

「爸爸送去修車廠，」佛南度說。「他們把車修好了。」

「你的撞毀車需不需要進車廠？」老師問。

對佛南度而言，那是個新主意，他下車檢查。「要，」他決定，「這邊需要敲一敲。看見沒？」

查克一直在聽，「我叔叔鮑伯會修車子。」他說。

「他有鐵鎚嗎？」老師問。

「有，」查客說，「有鐵鎚、扳手、跟油罐。」

「你覺得你會不會修佛南度的撞毀車？」老師暗示。

查克認真地蹲下看車子，佛南度指給他看撞壞的地方。查克從沙坑拿個鏟子當扳手。當老師離開時，他們兩人一起修理，老師心中暗記隔天要帶些真的工具來，並且要提議蓋個車庫來修理腳踏車。

介紹新主題

孩子們都在做些什麼、說些什麼以回應老師所選擇介紹的課程主題呢？主題選得好不好？有沒有掌握住孩子的興趣？是否產生了新的字彙、激發了對話？孩子們有沒有在我們的計畫網上加入自己的想法？

在威勒兒童中心教三歲孩子的蘇布希，熱愛園藝，可是園丁不喜歡蝸牛；孩子們則為蝸牛發狂。

「所以有一天晚上，」蘇解釋道，「我灌溉我的花園，過一會兒，我帶著手電筒出去收集蝸牛。抓到幾十隻蝸牛。我帶蝸牛到學校，給喬伊絲一半，給她的四歲孩子。」

蝸牛放在科學櫃上，一個透明的容器裡，旁邊圍了六個孩子。蘇在一個工作桌上黏一大張深藍色的紙。當蘇將蝸牛從容器裡倒出來放在紙上時，除了艾莉森在用海綿擦拭點心桌以外，全部的孩子都擠在旁邊。蝸牛開始製造爬行的痕跡，並且爬到彼此身上，也爬到想抓他們的孩子手上。蝸牛很多，每個孩子都有。當孩子與蝸牛互相探索時，蘇描述她所觀察到的。

我們當中有些人只想看看蝸牛。

他們不想摸蝸牛。

假如他們不喜歡蝸牛，不要把蝸牛放在他們身上。

克里斯喜歡他的蝸牛在他的手臂上爬行。

可是別把蝸牛放在不喜歡的人身上。

　　當她說話、觀察、與聆聽時，她寫下孩子們的話。她已經有好多頁筆記了。動物刺激孩子的語言及觀察技能，有時候也刺激想像力。

　　克里斯：看，蘇，它在哭。

　　蘇：它怎麼了？

　　克里斯：它想下來。你下來了，蝸牛。

　　蘇已經決定每天要寫下一個小孩對蝸牛的談話。昨天她傾聽恩尼。今天，科學桌上方的牆上出現了恩尼的話語。（見下頁圖8-1）

　　雖然這是有蝸牛的第二天，他們一點也沒有失去新鮮感。有整整十五分鐘，全部的孩子沉浸於蝸牛的觀察與實驗：如果我把它放這邊，會怎麼樣？雖然大部份孩子逐漸前往其他活動，有一些孩子留在蝸牛那邊四十分鐘。恩尼離蝸牛最遠，他只靠近老師的筆記本，奇在老師身上看她寫字，然後為他自己拿了枝鉛筆在老師的字句中加上些像字母的形狀。老師由著他，懷著興味看。當老師終於放下筆記本收蝸牛時，恩尼

立刻拿起筆記本，「看見我的O嗎？」他跟克里斯說。

蝸牛—恩尼

它們會咬人嗎？

它們移動得很慢。

我不想摸它。

我摸它們。

它們不咬人。

噢！那隻蝸牛在我身上流口水。

呀！

它們不會咬人。

我在讓它捲起來。

拿起它而且放在我手裡。

它們是涼的，蘇。

它在我手上爬。

喔，它們在打架。

圖 8-1　恩尼關於蝸牛的談話

　　隔壁喬伊絲的教室裡，四歲孩子已經觀察過蝸牛留下的銀色爬痕，正在紙上製作他們自己的「蝸牛爬痕」，用藥劑滴管裝食用色素。奧黛莉拿彩色筆畫了一整頁的蝸牛。她興奮地跟老師講，喬伊絲寫下她的話：「奧黛莉畫十七隻蝸牛。」團體時間，當孩子們繼續談論蝸牛時，喬伊絲示範她如何以英文寫「snail」與西班牙文版的「caracol」。

　　當兩班孩子在戶外碰頭時，喬伊絲給蘇看奧黛莉剛剛自發地寫在一張紙上的字：

snail
caracol
Audrey（奧黛莉）
Audrey

　　喬伊絲跟蘇都同意：「這個主題行得通！」不像金魚，喬伊斯評論；我們本來有六隻，現在只有一隻，而且似乎沒人關心。蝸牛則相反，刺激出專注的探索，探索蝸牛本身、口語語言、以及書寫文字。孩子們很興奮，老師也是。

　　一位剛造訪的客人受到熱烈歡迎：「你一定要看這個！」訪客感染了老師的熱忱，欣賞全部的畫作與文字，並且有機會跟蝸牛玩。他試探地提醒他們另一種形式的老師遊戲，那種最近在職教育時曾討論過的：「織網」，當作一種計畫與呈現課程主題的方式。他們記得而且渴望試試看。

　　當然，他下次來訪時，一張網已經貼在喬伊絲教室牆上（見下頁圖 8-2）。

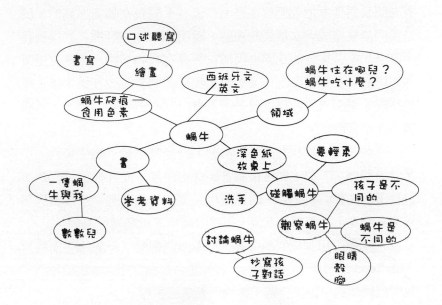

圖 8-2　蝸牛織網

「你們怎麼做的？」訪客問。

「我們本來不大確定應該怎麼做，所以我們就午休時間一起拿一大張紙，坐下來。我在中間寫了『蝸牛』。」蘇說。

「然後我們彼此對視並大笑。我們不知道接下來要寫什麼，」喬伊絲說，「所以我們決定寫下所有我們已經做的事，然後加上一路上發生的事情。」

訪客有點迷惑，「可以示範給我看嗎？」他問。

「好的，你看。」蘇說，「我們騰出一塊地，把蝸牛放在裡面，這樣他們才不會爬得整間教室到處都是。孩子們都圍過來看，

有人問我為什麼把他們放在裡面，也有人問我在哪裡抓到的，於是我們最後變成一次很長的談話，說明蝸牛住在哪裡。我提到我不喜歡蝸牛住在我的花園裡因為它們會吃我的植物，然後克里斯想知道蝸牛在學校要吃什麼，於是我給他們看我放在蝸牛領土裡的萵苣。從那以後我見過孩子留下幾口點心與午餐的食物，看看蝸牛喜不喜歡吃。」

「我想要一個相關的藝術活動，於是我準備了蝸牛爬痕，」喬伊絲解釋，「孩子們曾用滴管裝食用色素，而且他們很喜歡。這是這個活動的新名字，的確激起幾個孩子的興趣。然後奧黛莉接著畫畫寫字，她剛滿五歲，很熱中寫字。她媽媽好高興。」

「我還沒想到任何蝸牛書，不過他們很愛《一隻蝸牛與我》（McLeod, 1961），」蘇說，「我也是。謝謝你寄這本書給我們，我們已經讀過一遍又一遍。你今天要拿回去嗎？」

「喔不，只要你們還在用就留著吧，」訪客說，「我還見到桌上有一本書，我猜是關於軟體動物的參考書，對嗎？」

「對，我在我小叔的書架上找到的。孩子們很喜歡照片；它們大部份是海洋軟體動物，所以孩子們已經開始討論海洋。我猜帶我的水肺裝置的時機就快來臨了。」蘇是個水肺潛水員，因此海洋是她定期跟班上孩子分享的主題。

訪客再多看看那張網。「我很高興你們將『要溫柔』與『蝸牛是不同的』和『孩子是不同的』納入其中，」他說，「那些當然就是我聽見你跟孩子說的，蘇，當他們抓著蝸牛時：『我們當中有些人喜歡觸摸蝸牛，可是有些不喜歡。有大蝸牛也有小蝸牛。』很好。」

蘇同意，「真的很好。洗手鐵定是個我原先沒料到的結果，

可是它就變成一件我們討論的事項。孩子跟成人都很厭煩要記得洗手，日復一日，當沒什麼明顯的洗手理由時。蝸牛的黏液是個很好且明顯的理由！而且當我們搓掉它時，我們都會一起說『噁心』；不過我們也會討論為什麼對蝸牛而言它不噁心，當它們滑過粗糙的地方時，需要黏液保護它們不受傷害。孩子們愛那個主意，正如他們愛說『噁心』。」

「所以是不是所有的孩子都沉迷於蝸牛中？」訪客問。

「除了伊凡，」喬伊絲說，「伊凡是我的恐龍男孩。我拿他最近畫的傑作給你看。」

那些恐龍的確很棒，而喬伊絲並沒有因為她在上蝸牛就對伊凡施壓，要他放棄恐龍。學前的主題應該是開放式的；就像物質環境中結構開放的教材與教師建立的秩序，是建議，而非唯一可行之路。全班性的主題來自老師的主意以及部份孩子的問題與自動自發。那些自動自發朝向別的方向的孩子需要支持以發展他們原有的想法，他們在遊戲與其他象徵性活動時也需要支持。老師的意圖是要產生足夠的主意以抓住全部孩子的興趣，而這些孩子原本就是不同的個體。老師希望每個孩子都能發現並持續他或他真正興趣的東西，而不是將個人的熱情放一邊來研究我們現在都在研究的主題。每個成員均應參與的那種長期的團體方案並不適合學前階段，此時的發展任務是自動自發，團體方案比較適合稍後發展勤奮特質的階段（Erikson, 1950; Katz & Chard, 1989）。

訪客鼓勵兩位老師寫下的網已經存在於他們的腦袋中，是張「隱形」的網，裡頭有他們自己的好主意以及他們觀察到的孩子。超越他們一開始面對新工作的不確定感，蘇與喬伊絲發現將他們的主意呈現在紙上很容易。他們不太確定接下來要怎麼處理這張

網。訪客也不確定，所以他們又多聊一些。

「自從你們把網貼上去，有沒有任何人注意到它？」

「奧黛莉注意到了，」喬伊絲說，「她認出蝸牛，然後她要求我唸出其他部分。我也試過在團體時間唸給大家聽，可是有些孩子扭得太厲害了。蝸牛很棒，可是這些四歲孩子還沒準備好認識那全部的字。不過，你知道凱林跟南西做了什麼嗎？他們開始複寫這張網，略去上頭的字。我的助教瑟瑞諾小姐經過時問他們：『那是蜘蛛網嗎？蜘蛛在哪裡？』然後南西說：『幫我們畫隻蜘蛛，拜託，拜託。』然後瑟瑞諾小姐畫了。（我試過阻止她幫孩子畫東西，但她無法抗拒那個拜託拜託！）不過成果還不錯，因為他們決定他們想要許多小蜘蛛，所以開始複製那隻大的，結果創造出許多種他們自己的蜘蛛。」

「所以你可以在蝸牛網上加進蜘蛛，對不對？而蘇可以考慮加上海洋。有沒有家長問你們在做什麼？」訪客很好奇。

「沒有。不過我原來把它放在教室後面，而他們通常不會進到那麼遠。我有個主意。我想我會把它移到簽到處然後看有沒有任何人評論。」喬伊絲說。

「我們把網放在喬伊絲的教室裡，因為她的孩子年紀比較大。」蘇解釋道。「當我寫上字時，大部份的三歲孩子不會注意到，除非是他們自己的名字，除了恩尼，你看他在我筆記本上寫得到處都是。他帶媽媽看我貼在蝸牛領土附近的『蝸牛—恩尼』，然後她又讀一次給他聽。我的孩子注意寫字行為，通常是注意我在做那個動作，一旦寫好了，字詞就不再受注意。」

「好玩，而且很合理。」訪客說。「因為大部份幼兒還沒準備好將閱讀當成真正的工作。他們處理閱讀與寫字的方式正如他

們處理他們觀察到的其他成人行為。他們拿它們來玩。」

計畫將讀寫能力當作遊戲劇本

　　不管在家裡或學校，有成人示範閱讀寫字的地方，孩子就會玩讀與寫。這些行為如同其他成人真實生活中的行為一樣，都有可預測的劇本，孩子們在遊戲中練習學的最好。為孩子讀一本書，大人要從書架上選書，將書本拿正，從前面翻開，一頁一頁地翻，展示圖片，並且讀出字句。這個順序對有經驗的讀者而言非常明顯，但幼兒則剛開始學。

　　要鼓勵以閱讀為遊戲，老師示範對著一群孩子閱讀，當情況允許時，還可示範對著一個或兩個坐在他膝上或一位在身邊的孩子閱讀，並讓書本（跟她唸給孩子聽的相同的書）在遊戲時間隨手可得，允許書被拿到室內與戶外不同的地方。幾個不同區域有書、雜誌、與目錄，像是娃娃床邊以便閱讀床邊故事，廚房櫃子裡假裝是食譜，放在「辦公室」裡以利尋找重要資訊，在一個有枕頭跟填充玩具的舒服角落，孩子可放輕鬆讀書給自己、朋友、他的熊、或甚至老師聽。就像成人讀者，孩子扮演讀者時需要掌控不同的閱讀素材，他們可帶著書自由選擇待在他們覺得舒適的地方。

　　鼓勵寫字遊戲，老師示範以寫字作為溝通訊息與記住義務的方式之一，溝通一直是教室生活的自然需求。老師寫通短箋給家長，條列計畫，列出輪流順序、「請保留」的標誌、畫作上的姓

名。老師不時注意到自己正在寫字這個事實，因此只要可行，他會使用大且清楚的印刷體。他也邀請感興趣的孩子為所有這些目的「寫字」，傳遞他對他們有能力這樣做的信心。

　　老師先思索真實生活中人們寫字的情境，然後在遊戲環境裡重造其中的一些，在裡頭儲備著人們使用的書寫工具。因此電話旁邊有鉛筆跟便條紙，以及廚房牆上有便條紙附著一隻牽線的鉛筆。為了修理腳踏車道上過往的三輪車，他在工具裡加上收據簿與原子筆，放在店裡的收銀機旁。也許在醫生的辦公室裡有一疊病歷跟病人的記錄圖表，或是有信封、郵票跟信箱的郵局，或者是個辦公室，跟二街托兒所這個一樣。

　　　老師剛剛重新安排教室的一個角落當成一間辦公室，桌上放兩台打字機，小書桌上有訂書機跟電話，書桌抽屜裡有原子筆跟鉛筆、用過的信封、幾本小筆記本。盧茲跟尤蓮達高興地發現這間辦公室；一位義工媽媽幫盧茲在打字機裡裝紙。「我要去工作了。」尤蓮達宣佈，她拿起電話，「鈴，鈴。喂，喂。…小姐。好的。我馬上去…，好嗎？拜。」
　　　另一個女孩來了。尤蓮達跟盧茲叫她走開，她走了。他們繼續他們的私人談話。另外兩個小一點的女孩子想在辦公室裡玩；「不，你們不行進來這兒。」尤蓮達說，手對著他們的臉推。手牽著手，兩個小女孩去找老師申訴；看到她們走開，尤蓮達跟盧茲躲在

桌子後面叫喊。兩個小女孩沒有回來，他們才又出來。

動物餅乾跟果汁已經放在附近的桌子等想吃點心的孩子去吃。尤蓮達出來拿一盤動物點心；她帶餅乾進辦公室。莎拉到辦公室並且被接受了；她打字並講電話。盧茲放鬆地享用動物餅乾，雙腳翹高在一張椅子上。尤蓮達在找字紙簍，而莎拉找到一個，得到老師的允許後拿進辦公室。尤蓮達在筆記本裡寫字；她撕下幾頁這樣盧茲也可以寫。然後他們得到一通電話。很明顯地那是個出去的訊息：尤蓮達穿上夾克，喊「快走，快走！」然後從辦公室出去，為這個遊戲的興奮刺激而咯咯笑。當他們在教室到處跑時，老師喊，「電話響了。」然後他們回去接電話。

盧茲跟莎拉出來到房屋角。主角尤蓮達遵循老師的先例：「電話，快一點！」她喊，然後他們回來。接著三個全都出來，這次要從失火的房子將寶寶救出來；幾個其他的孩子參加救火行動，假裝噴水。（他們最近校外教學去過消防隊。）當興奮結束，收玩具時間到了，尤蓮達花很長的時間將每樣東西收回原位，甚至打字機的滑架也排整齊，這樣才算井井有條。

跟泰半的現實生活一樣，寫字可能只是複雜遊戲場景的事件

之一。這次辦公室的遊戲包括寫字於筆記本與打字、喝咖啡的休息時間、電話、以及「這是我們的私人辦公室」與「危機」劇本，交織著來自教室幾個區域的想法、道具、與人。老師的計畫設置了該舞台；他允許人跟東西從教室的一個區域到另一區，在劇本範圍內介入（藉由建議電話在響）以阻止在教室裡到處跑。孩子們奠基於老師的想法並引進他們自己的。每個人都有創意地參與有意義的課程萌發。

遊戲──簡報──再度遊戲

　　遊戲時，我們可以試試新東西，看看會發生什麼事。在塞瑪瓦森門（Selma Wasserman）的著作《小學教室裡的認真遊戲者》（1990）中，描述小學生在老師指導下進行的教材之開放式調查研究，以一種他稱之為遊戲──簡報──再度遊戲的程序。其先後順序是由幾個問題組織而成的：關於這個，你們能發現什麼？（遊戲）發生了什麼事？（簡報）現在，關於這個，你們能發現什麼？（再度遊戲）

　　遊戲與再度遊戲是親身實踐的行動過程，是與物質和其他兒童的互動。簡報是跟老師還有其他孩子對話，這種對話在小學階段有時是全班一起執行的。在很多方面這個過程類似帕莉與三到五歲孩子以非正式對話方式，小組討論他們的遊戲（Paley, 1984, 1986a, 1988）。

　　我們相信，幼教老師也可以用這個模式來思考他自己計畫萌

發式課程的過程。佈置舞台時，老師在遊戲。如果我把腳踏車搬出去，在沙裡加水，在娃娃床旁放書，增加畫架上的顏色？我能發現什麼與孩子有關的事？試驗新角色時，老師在遊戲。如果我問孩子問題而不是讓他們罰坐，如果我以來喝茶的訪客加入遊戲，如果我畫積木建物並展示給建造者看，我能發現什麼？

　　在思考發現什麼的過程中，老師在進行簡報。發生了什麼事？他問自己而且，假如幸運的話，問別人。成人和孩子一樣，假如他們跟別人對話時進行簡報，將可以學得更多。在這本書中，我們給過幾個這種對話的例子（見第二章、第五章、第七章及本章），出自學生跟主帶老師之間，還有訪問觀察員跟一或二位老師之間。

　　發明蝸牛課程時，蘇跟喬伊絲分享彼此的想法與觀察。從一開始她們就知道該課程提供了各種的可能性：親身實踐科學探索、發展對待生物的關愛態度、與刺激對話。但喬伊絲原先沒想到蝸牛可以自己製造彩色爬痕。（那是個孩子的主意；她滴食用色素在紙上然後抓隻蝸牛放在顏料裡。其他孩子很快注意到，接著一個全新的活動就誕生了。）喬伊絲也未曾明白她寫下孩子們講的話竟會刺激某些孩子到那個程度，以致於去練習為他們自己寫字。蘇猜到孩子們會對蝸牛感興趣，但沒料到他們的興趣可以持續超過一個月，也沒想到三歲孩子會對寫字行為發生興趣。老師沿路有了這些發現，加進課程網裡，修正每週，實際上是整年的計畫，然後持續觀察，簡報，然後再度遊戲。就跟孩子們做的事一樣。

　　師資教育者是一群致力於聽取教師簡報的人。他們在經過周密考慮之後應僅遵瓦森門（Wasserman）與帕莉（Paley）的指導原則，問老師真誠的問題而不是哄騙性問題，引導老師「思考並說

出更多他們的問題與可能性」，而不是給予那些封閉課程的答案
（Paley, 1986b, pp. 124-125）。要協助老師了解所發生的事由，視
導員可以譯述老師的話或要求他們更深入挖掘，經由尊重、關懷
與授權的反應參與他們的思考（Wasserman, 1990）。成人學習像
教學這種複雜的工作時，「用跟幼兒幾乎一樣的方式學習——經
由實驗，解決問題，跟同儕對談，問問題，犯錯與反省錯誤」
（Carter & Jones, 1990, pp. 28-29）。

　　試驗更多方法以支持遊戲並挑戰孩子的想法，老師是在再度
遊戲：現在我能發現什麼？透過這個過程，課程持續萌發，而且
老師，跟孩子一起，持續學習。

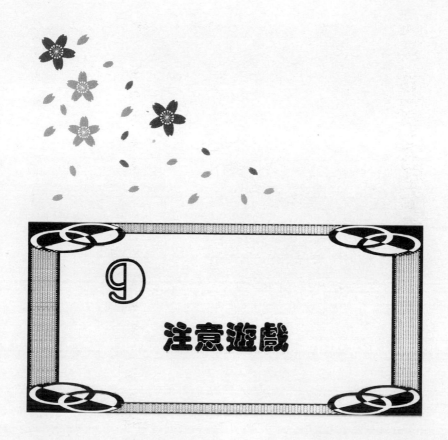

9

注意遊戲

遊戲中的兒童需要多少注意力？在團體環境中的兒童都需要舞台經理——一個注意秩序與硬體環境內容的成人。不過，孩子對成人直接以遊戲者或中介斡旋者身分參與的需求會隨著他們自己維持遊戲能力的增加而減少。遊戲高手的老師比較不需要去做，因此，比遊戲新手的老師有更多的自由去觀察與計畫。

支持尚未掌控遊戲的兒童

有些孩子不容易被注意到，他們已經掌控的不是遊戲，而是保持「隱形」（Rabiroff & Prescott, 1978）。他們需要協助以採取主動，可是他們通常在遊戲時間仍然維持不受注意——雖然他們在一天中的其他時間可能得到相當多的直接幫助。

二街托兒中心的貝琪，我們第一次見到她是在第一章，看得出來她在四歲孩子中算不成熟。老師作計畫時很明顯地將焦點集中在她身上以協助她說出並做到期望中的事：「告訴我你要去哪裡玩。可以說大聲一點讓我聽見嗎？很好！」轉換時間老師常會說貝琪的名字，以提醒她下個該完成的工作。遊戲以外的時間，老師非常為貝琪著想，很注意她。

教室裡大部份的四歲孩子在遊戲時間都很武斷且充滿了遊戲點子；大人很難錯過他們所做的事。當孩子要確認他們的遊戲有被注意、被欣賞，常會聽見「老師，你看！」他們的遊戲劇本充滿了行動：我們在騎馬疾馳；今天是凡妮莎的五歲生日；救難的超人。老師完全被這類行動包圍，四歲孩子的老師就可能忘記去

注意與回應一些小小的開端，注意與回應這些小小的開端則是隔壁那些跟三歲孩子工作的成人時時刻刻在做的事。

這是有一天貝琪在戶外發生的事。

史黛芬妮跟凡妮莎在沙坑忙著。貝琪往他們的方向晃盪過去，拿著水桶跟鏟子。當她踏進沙坑時，女孩們跑走了。她看見一輛傾倒卡車，就著卡車安頓下來，用她的鏟子鏟沙填滿卡車。過了一會兒，她拿著卡車起來，將車轉為橫的，沿著整面牆垂直行駛。然後她將車子駛回沙坑，理查現在在沙坑裡玩。

貝琪縱身跳到理查面前，輕聲地說了些什麼。她挖了一整鏟的沙，然後將鏟子拿正，成某個角度，注視著沙緩緩流光。她看著理查倒沙進一個漏斗。她試著去拿可是理查緊抓著；兩個人都沒出聲。

貝琪又找到傾倒卡車並開始開車，這次是沿著沙坑窄窄的水泥邊。她在鞦韆後方移動，那兒有兩個大人在為孩子推鞦韆。其中之一邊推邊數。貝琪抓著卡車站起來。「看，輪子。一、二、三、四。」她輕聲說。沒有人聽見她的話。

老師宣佈了收玩具時間。「貝琪，我們走吧。」助教說，友善地拉著她的手。

　　貝琪試過幾個小小的開端，假如有人幫忙，都有可能發展成共享的遊戲劇本。我在開卡車，我該怎麼倒沙？一、二、三、四個輪子。毫無疑問地，那是基本的想法，但它們擁有可能性。可是成人被佔據了；那種一再重複的話：「老師，推我。」非常難去忽略。然而，成人的精力分配是很重要的，除了回應孩子的要求，也應注意那些還沒學會請求需要的孩子。

　　當老師被一位觀察員問過後，很快就承認貝琪是個在遊戲時間需要特別注意的孩子。另一次造訪時，觀察員看見老師坐在沙坑裡，靠近貝琪，貝琪欣然接受這個機會，問老師為什麼他上次沒來？然後開始找石頭給他：兩個石頭寶寶，一個大石頭。老師很感謝貝琪，然後他們一起找到一整個石頭家族。

　　這次的場合，沒有其他孩子在附近。在稍早的那天，假如有個體貼的成人，也許就可以藉由扮演類似中介仲裁者、舞台經理或演員等角色，而啟動社會扮演遊戲。

　　教師擔任中介仲裁者　假若當時有個成人在沙坑旁，他也許可以在貝琪嘗試拿漏斗失敗時提供協助。「貝琪，你想要漏斗。理查，你有個漏斗。貝琪也想要個漏斗。關於那件事，你覺得我們可以怎麼做呢？」決定的因素有很多，包括理查願不願意分享，有沒有多餘的漏斗，以及成人對複雜遊戲的想法，這次介入的結果可能會產生平行遊戲或合作扮演遊戲，在團體遊戲生活中給貝琪一個位置。

　　教師擔任舞台經理　成人在遊戲中的得失與危險較少，對環境中的資源比孩子更能保持警覺。快速環顧四週，成人可能已經發現一個多的漏斗、兩個杯子、跟幾個水桶。將他們集合在一起，她可以坐在沙坑裡，靠近貝琪跟理查。「我找到另一個漏斗。貝

琪，你要不要漏斗？我也找到一些杯子。理查，你需要杯子嗎？
貝琪，你需要杯子嗎？你們還需要什麼來倒沙子？」藉著添加道
具以及兩個孩子都給東西，成人可以提議一起玩的可能性，並保
證他會在場。

教師擔任遊戲者 成人可以提供道具讓孩子自行使用，也可
以示範使用方式。這個發現更多玩沙玩具的成人，也許可以忍住
評論，只是坐靠近孩子跟他們一起玩。他樂於跟任何感興趣的孩
子分享。也許會用一個杯子倒沙並且很技巧地將另一個杯子放在
他和貝琪中間。藉由他的行為與存在，強調玩沙遊戲的諸多可能
性並歡迎社會互動與假裝：「你要不要喝我的巧克力牛奶呀？」

回應孩子在遊戲中的自動自發至少是跟在其他場合增強他們
可取的行為一樣重要。在第八章中，穆漢米德的老師有時候不容
易找到他的可取行為並加以增強，但她設法承認他所有的遊戲發
現，甚至在她阻擋他入侵別人的空間時。當然，穆漢米德是個非
常顯眼的孩子，保證可以讓他自己得到成人的某種回應。貝琪則
是安靜的那一型，會讓自己隱形。

支持遊戲高手

對孩子的遊戲劇本感興趣的成人發現非常容易注意到遊戲高
手。他們就是那類孩子，講出來的話會讓我們聽得很高興，他們
的溝通技巧能使他們持續遊戲，無須我們協助，他們處理幻想、
友誼、與公平性的創造力──學前優先重點的三部曲（Paley，

1986b），向我們再三保證我們終究是優良的幼教老師。有一天，幾乎有一個小時，這些四歲的遊戲高手沒有跟老師要求過什麼，老師得以自由地享受、觀察、並寫下孩子紀念性的話語以便稍後跟家長與其他教職員分享。

喜橡園托兒中心的戶外有個自製的分層水桌，切割出洞可放置洗臉盆，而現在已經裝滿了玉米粉。多餘的碗、湯匙、跟小鏟刀隨手可得。寶拉、迪娜、跟梅根正忙著攪拌；他們已經在玉米粉裡加了葉子跟泥巴。

寶拉（稱職地攪拌）：我們在做巧克力。

迪娜（拿更多泥巴來）：這是巧克力。攪一攪。

寶拉：我們在做餅乾跟冰淇淋。

迪娜：冰淇淋。請問我可以吃一個蛋捲冰淇淋嗎？

她遞給寶拉一個漏斗，寶拉慷慨地裝滿它。有人在混合液中加水。「不要。」寶拉叫，然後那個孩子被嚇得撤退了。迪娜的冰淇淋完成了。現在她帶著一杯水加進她朋友的混合液中。

迪娜（倒水）：來囉。一大堆噁心的玩意兒。

寶拉：夠了。已經變得太黏了，對吧？我們有魔法。我們是有魔法的東方女巫，是不是？她永遠無法了解我們。她會死掉。

梅根（抵達）：我們將成為世界上最美的。（她

開始在另一個水槽裡攪拌。）

迪娜（在兩個水槽間來回跑，雙手捧著每個水槽的混合液）：我們將會有我們的魔法。這是我們要給白雪公主的魔法食物。

梅根：我們不會用鼻孔的氣吹頭髮。女巫不會用鼻孔的氣吹頭髮。這樣好不好，我們不會用鼻孔的氣吹頭髮，可是我們的媽媽會？

　　當遊戲高手用玉米粉跟葉子、泥巴與水弄得一團糟時，那些不是一團糟，而是魔法配方或冰淇淋。就像他們在家裡看到的真的餅乾，會由生的材料神奇地轉化為可以吃的食物，遊戲高手在重製自然世界。轉化將某個東西變成別的東西，是科學與神話二者的基調。轉化對於運思前期的幼兒特別重要，皮亞傑告訴我們此時的幼兒仍然在學習一個人或一件事可以同時擁有超過一種的屬性。轉化是了解可逆性的關鍵，是掌控算數的必要步驟（Labinowicz, 1980），也是讀寫能力的關鍵。

　　對這個理論有些概念的老師在看孩子遊戲時便可以再次確認：他們真的有在學些事情，他們不是「光在玩」，他們在他為他們準備的學習環境中茁壯成長。他也可以用他所觀察的向家長再次確認，解釋為什麼這個遊戲對發展是重要的。遊戲高手使老師得以自由地移往記錄者、評量者、與溝通者的角色——欣賞孩子的遊戲技巧和語言且將這些重現於紙上，並且與其他對這些孩子的

成長感興趣的成人、以及孩子自已溝通。

　　教師擔任記錄者　當這位老師觀賞這個遊戲邊做筆記時，他知道這些四歲孩子正變得主動對讀寫產生興趣，而且猜想他們也許會對用粉筆圖解說明他們的遊戲有反應。

　　　因為喜樣園的點心是遊戲時間中的選擇之一，孩子們不會同時到達或離開。梅根、迪娜、與寶拉如預期地一起到達。老師已經搬了個畫架放在點心桌附近，當他們吃點心時，他開始畫畫。他們立刻產生興趣。「那是我們的水桌。」梅根說，當它的形狀在紙上展開時。「那是誰？」（見下頁圖9-1a）。

　　　「你覺得是誰？」老師問，繼續作畫。

　　　「不是我，」梅根說，下了決定。「我的頭髮很長。那個可笑的人沒有頭髮！」

　　　「是迪娜。」寶拉挪揄。

　　　「不是！」迪娜尖叫。

　　　「我該為它畫些頭髮嗎？」老師說，加上許多頭髮。「現在是誰呢？」

　　　對話一直持續到老師畫好人開始寫字（見下頁圖9-1b）。「那寫著寶拉。」寶拉驕傲地宣佈。「你寫了我的名字。上面說什麼？」

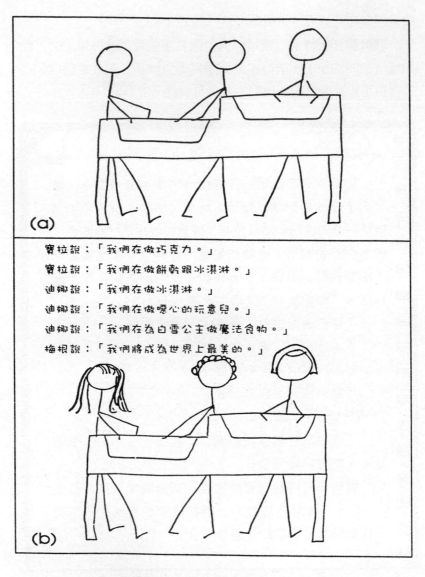

(a)

寶拉說：「我們在做巧克力。」

寶拉說：「我們在做餅乾跟冰淇淋。」

迪娜說：「我們在做冰淇淋。」

迪娜說：「我們在做噁心的玩意兒。」

迪娜說：「我們在為白雪公主做魔法食物。」

梅根說：「我們將成為世界上最美的。」

(b)

圖 9-1 「你認為他是誰？」

　　這些畫留在畫架上，引起其他孩子來訪以及這些女孩們的再次造訪，他們讀名字，爲人物加上特徵，並在新的紙上畫自己的圖畫。點心過後，該遊戲再度開始，有精心闡述的白雪公主情節與「一大堆噁心的玩意兒」。具想像力的語言通常出自一團糟，因爲它有著純粹的快樂；二者均爲開放式的，自發地探索無限的可能。

　　教師擔任評量者與溝通者　粉筆圖解說明的對話讓老師得以非正式的評量每個孩子對讀寫的興趣與技巧。他記下這三個女孩都能夠讀出自己與彼此的名字，並對紙上其他的字感興趣。梅根立即認出那張水桌；當天稍晚，她將水桌納入她自己畫的一幅畫中，周圍圍著長髮女孩。寶拉正確地用印刷體寫自己的名字，寫一整頁。迪娜的七彩畫作中有 D 跟 e 在空中飛舞。「那是 D。」她說，沒有特別對著誰。然後她再看一次畫，再添個 D，接著加上觸角跟斑點把它變成一隻蝴蝶。這位對創造性思考與讀寫發展都感興趣的老師也把那個記下來，然後在一天結束時拿給迪娜的父親看。女孩們主動把老師跟她們自己的畫都秀給父母看，然後溝通就成功了。「你今天在學校做什麼？」就是這個！

　　教師擔任計畫者　當成人享受孩子的想像力的同時，他也可以很有想像力，以計畫者的角色。有沒有方法他可以用來擴充且進一步豐富這個已經很豐富的遊戲呢？是要從遊戲中選一個點子來刺激他的思考，還是要藉著增加材料、對話、說故事、或書寫文字？加一些杉木刨花或海邊卵石到水桌裡面好嗎？製作真正的巧克力或真的冰淇淋如何呢？要不要將粉筆圖解說明轉換成法蘭絨板的活動，讓孩子可以自行重複呢？

　　這位老師對他的法蘭絨板點子感到很興奮。他剪出幾個孩子

形狀的棕色、褐色、與桃紅色的剪影，以配合班上孩子不同的膚色。他剪了兩個水桌、一個攀爬架、框架中的鞦韆、六台腳踏車、幾張桌子跟椅子。他額外添加一些碎屑，對他而言看起來沒有特別像什麼，但孩子看起來可能會像某種東西。他決定要使用法蘭絨板講一個關於孩子在戶外玩的故事，讓孩子在自由遊戲時間可取得這些材料然後看看會發生什麼事。觀察他的遊戲高手並回應他們的點子與要求，老師也成了遊戲高手。

教師角色發展

　　像遊戲中的兒童一樣，跟孩子工作的成人也在掌握角色行為的過程中成長。發展導向的師資教育提供許多機會來練習這些角色和反省個人表現，可是很多托兒所跟幼稚園的教職員工開始工作時並沒有這樣的練習。他們有些受的是小學階段的訓練，並不認同遊戲的價值；其他的擁有良好的意圖跟生活經驗，但幾乎沒有受過訓練，他們的能力是基於過去跟兒童相處的經驗（包含當父母），或是基於跟他們自己內在的孩子接觸（Jones, 1984, p. 185）。在一個教學團隊中，他們可以貢獻不同的觀點。例如，一個祖母變成的托育者通常帶著理家的技巧到托兒所這個較大的舞台；憑藉著這些技巧，他們由創造出清楚的圖案—背景關係加上以手工藝的形式，設計活動「菜單」服務孩子而得到滿足。有些試著以照顧孩子為入社會第一份工作的年輕成人，是特別優良的遊戲者；可以鼓勵他們提供有創意的遊戲，也可以參與其中。

　　舞台經理是這些角色中最基本的，所有教職員均需掌控的。在一個秩序良好，設備優良的環境中，給孩子很多時間遊戲，大部份孩子都可以創造並維持他們自己的遊戲，正如他們在家裡跟家附近經常做的事一樣。遊戲本身符合許多幼兒的成長需要。遊戲是個自我教育、自我治療的過程。

　　幸運地，舞台經理似乎是最容易學的角色。幾乎所有的成人都有為自己組織與維持生活空間、計畫時間的經驗；這些經驗直接轉移至托兒所。而且學習操控環境比操控兒童要容易且恰當。假如事情進行地不太順利，讓我們想想看可以怎麼移動家具、更改時間表、增加遊戲道具、重新思考我們的學習角（Greenman, 1988; Kritchevsky & Prescott, 1969）。我們可以批評舞台設置的功效如何而不涉及批評成人或兒童的行為。在幕後工作，我們可以用空間、時間、及材料作實驗而不必改變在舞台上跟孩子的互動。很明顯地，以發展為導向的幼教課程始於具體的、親身實踐的安排空間與教材（Dodge, 1988; Hohmann, Banet, & Weikart, 1979）。

　　中介斡旋者是個必要的角色，假如要孩子成長為具備解決問題的技巧，斡旋者應運用支持式力量而不是影響式力量。很多成人不熟悉支持式力量，這些成人在面對孩子的衝突時，傾向要他們從強烈的情感中退縮或採取一種「不要無理取鬧」的影響式力量的觀點：「我是這兒的成人，你照我說的去做。」幫助兒童找到他們自己的解決方式，不強加成人的解決辦法似乎有損某些成人的秩序感、權威跟事情的正確性。他們寧可教服從而不教批判式思考。

　　對很多兒童而言，影響式力量的優點是熟悉與安全；很明顯地，這個大人知道並且執行規則。可是這樣的解決方式，跟那些

與孩子共同解決的方式並不一樣，會中斷遊戲與自主性的發展。
在將解決衝突定義為課程政策目標之一的環境中，斡旋技巧是可
以被討論、示範、並練習的。斡旋技巧對於那些相信其重要性的
人而言，並不難學（Muhlstein, 1990）。

　　遊戲者這個角色對於那些跟自己內在孩子接觸的成人而言是
個自然生成的角色。在家裡，成人以對話、打鬧、假扮遊戲、有
規則的遊戲、講故事、隨機遊戲等各種方式跟兒童遊戲（Segal &
Adcock, 1981）。這種共同的遊戲可建立關係，也有助於兒童的遊
戲技巧。

　　然而，我們觀察到許多考慮週到的老師逗留在兒童的遊戲邊
緣，關心注意但不參與。當被問到時，他們之中有些解釋他們只
是覺得跟孩子玩不舒服。其他人則是基於他們覺得成人的涉入減
低了玩遊戲兒童的主動權，而刻意選擇不參與。就像我們在第四
章討論過的，兒童的年紀跟他們對托兒所文化的熟悉度，兩者似
乎才是這裡重要的考量；體貼的成人更應隨時準備好介入那些不
熟悉托兒所或新到托兒所兒童的遊戲。當孩子們在這個環境中變
成遊戲高手時，老師才往外緣移。我們開始相信，遊戲者是個重
要但不是必須的角色。成人跟孩子分享遊戲的想法，可以透過道
具與對話，也可以透過親自遊戲。

　　記錄者對很多幼教老師而言，是一個不熟悉的的角色，不過
似乎是個受歡迎的角色，尤其是對無法看出太多「只是在玩」的
價值的成人，以及對那些投資於他們的「教學」角色者。我們看
過一個助教，他的特殊樂趣是在他仔細準備的、成人導向的手工
藝活動裡，他發現寫下孩子們關於作品的談話，可以為他美麗的
佈告欄提供感人的內容。當他忙著寫字時，孩子們就有更多的自

由創作無須他幫忙。通常成人會發現：記下團體時間孩子回答問題的答案或記錄他們的口述故事，要比捕捉他們遊戲時的語言容易；後面這項任務需要一位更老練的觀察員。可是角色定義──「教師是記錄孩子語言的人」，似乎通常是個協調的定義。

假如受過小學階段訓練或未受過訓練的教職員接受**評鑑者、溝通者、與計畫者**的角色，他們很可能會回到學校遊戲的熟悉版本。該版本是許多教師讓自己負責任，是透過直接教學與問問題──「今天我們要學的是字母Ｂ」，而不是為遊戲計畫、觀察遊戲。負責任是重要的；但是在學前教育課程中，重要的是要為遊戲負責。

為孩子在世界找個位置

由於遊戲是自行維持的，有能力的成人行使舞台經理與中介斡旋者的角色短期內會為幼兒維持一個滋養的環境。然而，當教師長期擔任照顧與教育的角色時，所有的角色都變得重要。他們跟家長是工作夥伴，家長則已經在家承擔相同的角色。

好的家長本能地負起這些角色，因為他們會對孩子投注心血（Katz, 1980）。他們重複孩子說的可愛話語給外婆聽；為孩子照相並放在家庭相簿中；教孩子寫自己的名字；他們計畫家庭活動時將孩子包含在內；為孩子安排特別的活動。因為孩子對他們是特別的。他們觀察孩子能力的成長，因為他們投資在他身上，他的成就反映他們當父母親的成功。因為他們是一家人，基於生命意義的私人理由，父母親為他們的孩子的成長記錄建檔並計畫，

給孩子跟他們自己一種穩固的、他們共享過去與未來的感覺。孩子是他們的，所以孩子做的一切事對他們而言是非常重要的。

　　專業人員的動機不是對某個特殊孩子的愛，而是他們的技能與承諾，為所有的孩子提供符合發展的重要經驗（Katz, 1980）。在幼教機構中的孩子是團體的一份子，他不是永恆的，沒有過去與未來，而且在孩子群中，他不再那樣特別。雖然有些值得讚賞的課程，藉由保持一群孩子幾年都跟相同的成人在一起，或是藉著不一樣的「家庭式分組」，試圖彌補這項非永恆性，但教職員與家庭流動的現實產生經常性的分離與失落。

　　專業的，而非個人的責任感提供兒童在幼教機構中連貫的經驗。即將變成遊戲高手的孩子忙著表現，為了要了解他們自己的生活中持續進行的故事。在現代社會的環境下，大部份的孩子需要來自成人的幫助才能達成。傳統社會中，幼兒的遊戲通常被成人忽略，因此孩子們都得以維持原狀，通常都是在充足的空間與時間的情況下，可取得自然的素材，以及社區中年紀差距很大的一群小孩，對他們而言，看得見的成人工作與祭典的世界，均是現成的遊戲主題來源。在這樣的情境中，孩子的遊戲舞台是由整個社區設立的，因為成人放任遊戲不管而助長了遊戲。

　　在一些家庭與鄰里中可以找到類似的遊戲情境，甚至在現代社會裡，但這已經逐漸變成例外而非常態。也因此，我們有許多老師跟其他專門的照顧者負責許多學齡前孩子白天的生活，並且得面對為在集體托兒情境中的成人定義適合的角色行為。更有甚者，孩子跟成人都一樣生活在一個異質的、複雜的、與快速變動的世界，在這樣的世界中定義與解決新問題是需要發展的重要技能。對幼兒來說，模仿長輩的行為已經不足以讓他們長成有能力

的人。

　　當家長在家照顧孩子時，他們也有許多其他的工作要完成，因此保證給孩子某些自由，不是持續的監督。在家庭之外的兒童照護環境，成人則受到約束，通常是法律的約束，要每分鐘都看著孩子以負責他們的安全。僅僅「留心」幼兒，而不做些其他重要的事，對大多數負責的成年人而言，無法挑戰他們的能力或責任感。因此他們找尋其他的角色。這些角色中最熟悉的是得自他們自己的學校經驗，即擔任說教者的教師——將資訊跟秩序給（希望是）安靜與服從的兒童。確實，有些成人發現自己經常忙著跟吵鬧、有革新精神的兒童掙扎，但這些掙扎有助於證明他們工作的重要性；他們面對著原始的混亂，要建立文明的秩序。教師擔任紀律執行者則是另一個來自求學經驗的熟悉角色。

　　我們在本書中所描述的角色都是比較不熟悉的。這些角色反映當代兒童學習理論觀點，而非傳統常識對兒童學習所持觀點。大部份是專業的，而非技術性的角色，需要持續練習判斷，而不只是執行標準化的、可訓練的程序。這些角色需要編劇、斡旋、觀察、評鑑的技巧以及有創意的計畫。還要求成人認真對待幼兒的遊戲，同時當遊戲展開時，要趣味地回應。

　　家長養育孩子的能力直接來自關係：因為這個孩子是我的，我會為他盡全力。這個能力的動機大多不存在於為其他人照顧成群孩子的人身上。另一種流行的能力觀點，反映出行為主義思想試圖將保育員訓練成技術員。我們可在每一場學前教育研討會的展示桌上發現一大籮筐「教師—審定課程」，內容足可媲美那些流行於小學教育的課程〔正如科米（Kamii, 1985a）所指出的，僅管小學老師們均領有專業證照〕。

　　基於幾個理由，我們相信這個觀點是不足的。第一個理由是訓練機會非常有限，以及托兒工作者快速的流動率，取得技術知識需要時間。第二個理由也是更重要的理由則反映珍貝克米勒（Jean Baker Miller, 1976）所持的論點——有些工作（在歷史上，這些通常是女人的工作）變化太大，技術上難以處理，如同高階的專業，需要不斷練習判斷，這類工作之一即為育兒。

　　第三個理由，如尼爾那丁斯（Nel Noddings, 1984）曾描述的，育兒跟學前教育兩者道德上最重要的基礎是照顧。選擇跟幼兒工作的人大部份是喜歡跟孩子在一起，並且基於他們自己正向或負向的經驗，相信童年的品質很重要。在這個經驗裡，存在著同情的根源，那對照顧是重要的，那也支持著一種賞識，領會遊戲對幼兒生命的重要。遊戲中的幼兒是快樂活潑的，這類的成人懂得欣賞其特質。創造出大大小小、有愛心人士的社區，是托兒最重要的目標。關心彼此的人會協助彼此成長學習（New, 1990）。

　　在學校的教職員或處於督導地位的學前專家們目前都在仿效所有的教師角色，其中主要的責任是評鑑、溝通、與計畫。在大部份的課程中，他們提供領導權給經驗與訓練層級不同的教學團隊（NAEYC, 1990）。我們相信他們能給所有老師最好的建議是，**試著不要打斷遊戲**。假如提出建議的人在孩子的遊戲現場，為遊戲命名，仔細地描述它，並且為大人也為孩子，用各種方式呈現該遊戲，以便讓成人放慢腳步、注意、並且認同兒童經由遊戲學習的重要性，這建議才最具有說服力。

10

過去與未來的感覺

　　遊戲不只是成人可以操控、用來催趕孩子對「上學做好準備」的工具。雖然皮亞傑的理論已經針對「遊戲有什麼好處」這個問題提供一個穩固且認知的答案，但孩子們進行遊戲則是為了遊戲本身。遊戲是學前階段的自然活動──孩子做得最好的事。

　　莫尼根－紐羅（Monighan-Nourot, 1990）回顧學前教育的歷史發展關於遊戲的理念，區分出哲學／道德理念，這類理念「植基於相信學前活動的遊戲裡跟遊戲本身蘊含著價值，並表現出一種人本的態度，保護脆弱跟容易被外界影響的孩童」，以及工具理念，要求證據證明遊戲對孩子跟社會的未來有價值（p. 60）。工具的證明理由多如牛毛，他評論，「從皮亞傑的研究文獻中，產生了遊戲對發展有貢獻的觀念」（p. 77）。我們認為，依照發展的順序，看看遊戲所在的位置，就像我們在第一章做的，為遊戲所提供的比工具的證明還多。發展是個歷史，是個故事；人類的生命循環是種型態，是記敘文，其中的每一章有自己的重要性，而每個遊戲者發現他自己的遊戲。

　　　從前從前，當最老的魔術師將所有的東西準備好之後，他告訴動物們：他們可以出來玩了。動物們說：「最老的魔術師，我們該玩什麼呢？」而他說：「我會秀給你們看。」他抓了大象──僅有的大象──然後說：「玩當大象。」然後那僅有的大象就玩當大象的遊戲。他抓了海狸──僅有的海狸──然後說：「玩當海狸。」然後那僅有的海狸就玩當海狸的遊戲（Kipling, 1902/1978, pp. 143-144）。

孩子們玩當孩子的遊戲。他們的遊戲是種表現形式；是有發展順序的必要階段之一。從發展的角度看行為，就賦予行為過去與未來。孩子們既是學習者也是行為者。他們遊戲時所學的是掌控遊戲，一種在世界生存的重要模式，他們此時此地受益而且還將終身受用（Csikszentmihalyi, 1975）。

人類關係的邏輯

大部份的教育者，甚至在幼教界，都比較感興趣於教導孩子成人看世界的方法，而不是去探索孩子自己的意義。任何領域的專家都傾向於以這種方式行事，奮力教學生或客戶專業的語言而不是去學習另一方的語言（Watzlawick, Weakland, & Fisch, 1974）。

兒童的意義是深嵌在他們的經驗裡的。但就像瑪格莉特唐納森（Margaret Donaldson, 1978）指出的，我們技術化的社會給非嵌入式思考能力最高的價值地位。「當你處理問題時，越不必承受人的感覺，就越有可能在我們的教育體系裡成功」（pp. 77-78）。

> 非嵌入式思考是客觀的，是從所有基本的目的、情感、與活動中分離出來的。非嵌入式思考是完全冷血的，但是三歲孩子血管中奔流的血卻仍是溫暖的。
>
> 這絕不表示冷血地處理本質抽象與正式問題的能力是不重要的。該能力無限的重要。大多是非常人性

並且高度依循人性給予評價，但幼兒對此非常不在行
（Donaldson, 1978, pp. 17-18）。

不過，在他們變得在行之前，他們有優先的事得先做，那就
是學習關於「人類基本的目的、情感、與活動」。幼兒投資那麼
多的知性與感性的精力玩遊戲，主要不是對本質抽象與正式的問
題感興趣，不是喜歡顏色分類、數字、與空間關係。根據維高司
基（Vygotsky, 1978）的講法，想像遊戲是讓幼兒的嵌入式認知自
由的媒介。想像遊戲是兒童的舞台，在那兒他們不再被立即事物
的知覺所限，並轉而依賴象徵性意義的表達。想像遊戲是「趨近
發展區間」，孩子在其間的能力表現會比他們在正常狀況下「高
一個頭」，因為情境符合童年的認知常模。

幼兒主要感興趣的是人類關係。對爹地、媽咪、姊妹、與寶
寶的瞭解早於較大的、大的、小的、與最小的。對家（一個充滿
感情的影像）的瞭解早於對房屋（一間人們住在一起的建築物）。
兒童的遊戲融合了情感與事實；既是藝術也是科學。

> 教室有戲院所有的元素，而那個在觀察並自我檢
> 查的老師不需要劇評家去揭露人物、劇情與意義。我
> 們全部都是演員，要去發現場景的意義，我們在這些
> 場景中找到自己。劇本還沒完全寫好，所以我們必須
> 心存好奇，非常小心地傾聽那些主要的角色，主角當
> 然就是兒童（Paley, 1986b, p. 131）。

最能瞭解遊戲的管道是透過技巧豐富的老師們講述關於兒童

遊戲的故事，以及關於遊戲的對話（Clemens, 1983; Griffin, 1982; F. Hawkins, 1974; Paley, 1984, 1986a, 1988, 1990）。就如柯爾（Coles, 1989）與伊根（Egan, 1989）所強調的，故事傳達人類知識經常比科學分析有效率。

> 為了兒童的教育利益，我們需要重建我們的課程與教學方法，因為我們已經比較有概念，知道兒童是具有想像力與數理邏輯能力的思考者。我們所謂的想像力也是種學習工具——在生命的早期也許是最積極與有力的工具（Egan, 1989, p. 17）。

在他們敘述孩子們顯然「不合邏輯」的事蹟時，敏感的觀察者揭露出孩子故事與扮演遊戲中的感情邏輯。

> 「佛來得瑞克，我很好奇昨天聽到你在娃娃角講的某件事。你說你媽媽不再有生日了。」（佛來得瑞克知道我傾向用這種方式開啟非正式的對話，所以他立刻回應。）
> 「她不再有了。我知道是因為她生日的時候沒有人來而且她不烤蛋糕。」
> 「你的意思是說她沒有生日宴會？」
> 「不是。她真的沒有生日。」
> 「她每年還是會變老嗎？」
> 「我想是吧。你知道她有多老嗎？二十二歲。」
> 「也許你跟你爸爸可以幫她辦生日宴會。」

「可是他們從來不記得她的生日，而且當她生日
到了，他們就忘記她生日到了。還有她生日到了，他
們忘了她幾歲因為他們從不放蠟燭。所以囉，我們怎
麼知道她幾歲？」

「蠟燭告訴你某個人幾歲？」

「你不會長大，如果你沒有蠟燭。」

「佛來得瑞克，我要交代你去做一件好事。要求
媽媽要有蛋糕跟蠟燭。然後她就會告訴你她生日什麼
時候。」

「不對。因為你看，她沒有媽媽所以她沒有生
日。」

「你以為因為外婆過世了，媽媽就不會再有生日
了？」

「對。因為你看，從前外婆生下她。然後她告訴
她關於她的生日。然後每次外婆告訴她，她就有生日。
所以她知道要幾支蠟燭才會老。」（Paley, 1986b, p. 125）

這是一個能幹的四歲孩子正在設法理解這個世界。會覺得奇
怪嗎？就像帕莉（Paley, 1986b）說的，「生日本身是個課程。」
（p. 126）團體中有個人每天演出。藉著傾聽找「我無法自己發明
的答案」（p. 125），帕莉為她自己打開窗子並為其他跟孩子對話
的老師提供了模範。一些支持認知導向課程的人宣稱成人難以進
入這些充滿意義的世界。「直接專注於比方像兒童的計畫會比團
體動力容易，也比較有成效，分類物品與事件，比闡釋想像幻想
容易——一個是具體清楚的，另一個是抽象難理解的。」（Hohm-

ann, Banet, & Weikart, 1979, p. 1）。相信幻想比物品分類更抽象的老師經常以他們自己排定的議程打斷兒童的扮演遊戲劇本（見第五章）。遊戲是說故事，對不厭其煩去「學習對方（即遊戲中的兒童）語言」，遊戲是具體且清楚的。一位克服萬難去學習這種語言的老師解釋道：「『假裝』通常讓成人感到迷惑，但那是兒童真實嚴肅的世界，在那個舞台上，任何身分都是可能的，還有秘密的想法都可以被安全地揭露。」（Paley, 1990, p. 7）。幼兒獲取知識最強的力量就是他們對遊戲的熱情。

相信發展過程的老師可以好好利用它，以發展的力量為基礎，而不是去反應缺點。我們不是只提倡成熟主義者，「讓他們自己成長」的觀點曾被柯爾伯（DeVries & Kohlberg, 1990）標為浪漫的。就像我們這本書自始至終清楚表述的，老師們在孩子的遊戲裡扮演著重要的角色。成長是個互動的過程。孩子透過成人的引導學習，也透過他們自己主導與世界交戰而學。這種引導，我們相信，應該要導向互相創造一種意義共享的成人—兒童文化。

故事、形象、與文化的創造

從嵌入式思考到非嵌入式思考的橋樑最好是透過故事與形象建造，而不要透過抽象概念。橋樑建造應始於兒童個人的興趣、一個開端，要求老師用協同式力量，而不是一直用認知導向的支持式力量（見第五章）。身為觀察者、遊戲者、跟提問者，協同力量的老師找尋跟傾聽「我自己沒法發明的答案」（Paley, 1986b,

p. 125），因為「關鍵字」跟形象不像由皮亞傑理論抽出的「關鍵經驗」（Hohmann, Banet, & Weikart, 1979），是由孩子滿載情感的經驗中突然爆發的（Ashton-Warner, 1963）。

　　認知理論與應用將優先權給了邏輯推理的發展，視直覺與藝術為邏輯與科學思考的先驅。承認有些事物構成威脅的心理動力理論，介紹焦慮進入成長過程（Erikson, 1950; Maslow, 1962），支持將藝術視為思想的創造、互補模式，對成人與兒童有利的觀點（DeVries & Kohlberg, 1990）。藝術產生魔法，這個重要的力量能用來應付晚上會碰到的東西。所有的文化都用魔法來面對未知。藝術在孩子跟老師手上，為孩子火山般的精力提供有創意的出口（Ashton-Warner, 1963）。幼教老師藉由成為**象徵記錄者**──是故事與形象的源頭與記錄者，來支持兒童的遊戲。

　　在所有的文化裡，分享共同經驗的人們創造出象徵，包括故事、歌曲、舞蹈、與視覺形象，以記住他們的經驗，賦予這些經驗新的意義，並藉由彼此分享，建立社區。在幾個幼兒的基本需求裡，其中之一是過去與未來的感覺（Jones & Prescott, 1982）。孩子需要知道他們在世界上有個地方，他們在那個地方很重要，而且會有人照顧他們。家庭經由故事與形象傳達這個知識：「當你還是小寶寶的時候……」「當媽媽還是個小女孩的時候……」「等我們去外婆家，我們要……」「等你生日的時候……」他們照相、傳閱照片、並討論。那條阿富汗披肩是曾祖母織的、那張桌子是巴德叔叔做的。

　　住在一起的人需要一起創造文化，目的是要連結彼此並確認他們在一起的時間是有價值的。即使是在托兒所的學前幼兒也忙著創造同儕文化，這些文化經常集中在來自娛樂媒體故事與形象

的共通經驗：電視、錄影帶、與電影。對年紀較大的兒童，成人也許認為侵略性的同儕文化支持他們成長的過程，邁向獨立。不過三、四、五歲的孩子還沒準備好獨立；他們需要成人照顧他們，並跟他們分享意義。幼兒接收適合較大兒童的媒體戲劇，讓他們太早跟成人疏離，在一個幼兒離家到托兒所越來越早的社會裡，他們也就跟那些與他們分享最深意義的人們產生了實際上的距離。

教師擔任象徵記錄者

教師與照護者可以跟幼兒建立象徵性連結的方法包括：(1)參與孩子的媒體遊戲，(2)介紹替代性的遊戲劇本，以及(3)用新方法呈現孩子的故事、形象、與遊戲。

參與孩子的媒體遊戲

我向孩子說明我想更瞭解他們為什麼喜歡玩青少年變身為忍者龜與追逐的遊戲。我宣佈我將以錄音機個別訪問他們……第一天，我有三十個自願者！

我以好奇與開放的方式回應孩子們教我的許多「課程」。我觀看電視節目，並跟孩子討論演過的情節。有趣的是，孩子們的主動遊戲似乎就在我跟他們分享「龜文化」之後立即改變了。他們在遊戲場彼此追逐時不再偷偷摸摸。相反地，當他們跑過我身邊時會對

我大喊：「傑可貝是薛瑞德，我們都是追他的唐訥泰勒。」然後我可以用正確的行話回答：「沒用的懦夫，城市佬！」

這個遊戲的侵略性減輕了。當我更靠近一點看，我看見大部份的踢腿與空手道切擊事實上都只是要「假裝打鬥」。不幸的是，控制這類大肌肉動作所需的必要技能在幼稚園階段尚未完全發展好，所以會有人受傷。隨忍者龜電影的問世，我得以介紹男女特技人員的概念，這些人非常小心地練習與計畫假裝的打鬥。大部份時候只需要簡單提醒「像他們在電影裡那樣打鬥」(Gronlund, 1990, p. 3)。

龔魯得（Gronlund）在他幼稚園班上做實驗是出於他擔心「在我看來，他們的遊戲似乎沒什麼想像力、不豐富、也沒什麼創造力」（p. 1），遵循卡爾森皮耶與雷文（Carlsson-Piage & Levin, 1987）所建議的，成人可以回應、挑戰、與複雜化孩子的戰爭武器遊戲。孩子們熱切地讓感興趣的老師加入，顯示他們並不想跟媒體錄影帶在一起，是我們不喜歡才把他們丟在那兒。這位老師願意行使協同式力量讓他得以進入同儕文化，也因此擴展了他教學的機會。

介紹替代性的遊戲劇本

一開始我重複講了好幾次這個故事。很快地，大部份孩子學會了劇情發展並且開始加入一起唸「是誰

把我的橋弄得嘎拉嘎拉響啊？」「是我，我是最小的山羊嘎拉嘎拉。」

　　當孩子們都熟悉故事的結構，我問他們要不要演出這個故事。立即有一波「我要當──」的熱潮。我向他們解釋我們會演許多次直到每個人都能演到他想演的全部的角色（Howarth, 1988, pp. 160-161）。

賀華爾斯（Howarth, 1988, 1989）將童話故事戲劇化推動帶進教室，作為替代那些孩子日常大量接觸到的大眾媒體的「硬邦邦的、難以消化的暴力錄影帶，尤其是男性的」。圖畫故事有歷史而不是商業根源，且經過時間的考驗。每個文化均可發現童話，老師選擇的童話應該跟班上孩子的家庭文化有關聯，也應該要藉由熟悉其他文化遺產的童話以拓展兒童的經驗。

　　「就像所有的偉大戲劇一樣，童話故事的主題反映了人類最深的關心與恐懼，從而協助每個兒童成長發展。」（Howarth, 1988, p. 173）。他們讓孩子暴露於「我們都需要遭遇到的原始圖象」，提供可能的情境與角色，讓孩子跟他們自己生活中的議題混合、並演出。這些議題並不全是容易的；善良與邪惡都存在於孩子的生活中，即使是最優秀的孩子也一樣。

　　我們並不限制提供什麼顏色讓他們畫；我們鼓勵他們用藝術工具實驗，我們用質感與形狀豐富他們的環境。但是我們常常害怕去承認孩子的生活是由明亮的感覺與黑暗的感覺兩者構成的，他們也需要叫出那些感覺的名字並且還要運用。他們要怎麼知道所有的

人類已經歷過這些相同的感覺好幾千年了呢？（Howarth, 1988, p. 162）。

講給幼兒聽的故事跟讀給幼兒聽的書應該要多於事實；要用戲劇化的方式讓孩子記住故事；故事有可能會被演出、被談論、被同化為孩子自己的語言。「是誰把我的橋弄得嘎拉嘎拉響啊？」大妖怪說。「喂，你們這些猴子，把我的帽子還給我。」（Slobodkina, 1947）可是皮爾說，「我不在乎。」（Sendak, 1962）

用新方法呈現孩子的故事、形象、與遊戲

「很久以前，」瓊安對她小班級的三歲孩子說，在他們的「去露營」遊戲要結束時的收玩具時間，她將他們叫到舒服的小圈圈裡，「有一、二、三、四、五、六、七、八個孩子一起去露營。」「我！」查理興奮地說。「還有我！」艾力西卡說，伴隨著其他人的附和。「對，查理、艾力西卡、跟馬克去露營。」瓊安回應，繼續點名每個孩子。「他們把睡袋放進車裡，然後把帳篷放進車裡，再把食物放進車裡。然後他們全部一起上車，然後開車，開到營區。」「在山裡。」馬克解釋。「在山裡。」瓊安同意。「他們下車……」「我下車。」艾力西卡說。「艾力西卡下車，

保羅也下車，大家下車。他們把帳篷搬下車，搭好。他們把睡袋放進帳篷裡。煮晚餐。」「在營火上。」查理說。「他們在營火上煮晚餐，然後吃完。他們進睡袋裡睡覺。早晨，他們起床，煮早餐，吃光光⋯⋯露營過後，他們把東西收進車裡，將營地每個地方清乾淨，就結束了。」

瓊安紐克姆（Joan Newcomb）在華盛頓貝利福的小學校教書，正在用家人的方式告訴孩子們一個關於他們自己的故事。談話間，他引用紐森和紐森（Newson & Newson, 1976）的主張，好的父母教育，其中最重要的一面是講有關孩子的故事。

> 孩子依賴父母擔任他們的記憶庫，他可以不斷地去查詢，證明他是個有歷史的人。一般孩子得到個人身份的方式之一是經由他的記憶庫回溯過往⋯⋯。我們一定要記住孩子不單靠自己維持該記憶庫，而是在每天跟他自己家人的對話中，修補、添加、並修飾渲染記憶（p. 404）。

瓊安回顧教學，記起一次家庭訪問。

　　每個人，包括兄弟姊妹，都有一個跟家裡最小的孩子有關的趣事，我班上的佛瑞斯特就是家裡最小的孩子。「記得那次佛瑞斯特把晚餐的豆子藏在尿布裡嗎？」佛瑞斯特甚至加入說他自己的故事。很明顯，那是個發展良好的家庭運動。那給我一種感覺，這個家庭有一種特質，我只能以如膠似漆（glueyness）來形容（Newcomb, personal communication, 1990）。

　　是什麼「膠水」讓一個家庭、或一個班級黏在一起？瓊安擔任說故事者是在重新創造三歲孩子的遊戲，用她的字詞讓孩子參與製作一種集體的藝術形式。孩子們已經發明且玩出了他們的故事版本；他們有的很熱衷於跟她一起重述故事，其他孩子則注意聽。假如他們有興趣，改天她會再講一次：「記得你們都去露營嗎？」引發過去事件的記憶並創造一種共享的傳統，建立群體內聚力——一種「我們」的感覺，一起做難忘的事情。

　　瓊安也在她一些故事裡加進手工藝品，介紹孩子們正在玩的東西：「上次有沒有人看見那個鬼，她戴的正是跟這個一樣的帽子。」變成故事中的道具會將一個熟悉的物件提升到新的層次，瓊安說。該帽子在接下來的遊戲變得炙手可熱。

　　因為這些是三歲孩子，老師重述故事是以口述的方式，並自由運用姿勢與道具。等孩子到四、五歲的年紀，有一些就會對書寫的文字產生興趣，這些文字會在紙上有著它們自己的某種節奏。

我們一起去露營。

查理去露營。

艾力西卡去露營。

馬克去露營。

保羅去露營。

我們昨天一起去露營。

從此時此地到彼時彼地：
搭建意義之橋

　　我們在第六章描述的方式是以口語跟書面文字重述孩子的故事。我們也舉例說明老師畫孩子遊戲的活動情形以及他們的建構物——另一種形式的重述，用的是形象。薇薇安帕莉（Vivian Paley）還發明了另一種重述的方式：經過指導，將孩子的口述故事改編爲戲劇（Paley, 1981）。

　　這些方式都可以直接轉換成語言經驗與全語言的教學法，教較大的孩子讀與寫。事實上，假如瓊安將孩子的露營故事寫下來，她就會有一個語言—經驗的記錄（Van Allen, 1976; Veatch, Sawicki, Elliott, Barnette, & Blakey, 1973）。難忘故事的結構式語言不只可以在說故事時分享，也可以在大本圖畫書裡找到（Holdaway, 1979）。孩子可以「寫」也可以口述他們的故事，在過程中爲他們自己發明寫字（Harris, 1988; Heigl, 1988）。孩子們同時說、

畫、與寫他們自己的故事（Dyson, 1989）。老師可為孩子們記下在他們的遊戲與故事中重要突出的字詞，並將這些字詞擴充到書面故事裡。（Ashton-Warner, 1963; Clemens, 1983; Johnson, 1987）老師所介紹的課程主題可以作為整合的重心，在主題內持續進行所有的活動，建立共享的教室文化，就像約翰杜威（John Dewey, 1938, 1990/1943）所提倡的。

　　所有這些活動可以從幼稚園或四歲孩子開始，到小學階段則完全實施，全部都為孩子搭建了意義之橋。在學前跟小學階段，老師維持且參與孩子的創造過程的方法，都是藉由發明有意識的、持續的回應孩子的故事與圖象。老師呈現孩子的字詞與圖像回去給孩子，是用那些同時兼具確認意義，且還示範了不同呈現意義方式的方法。

　　我們認為，對三到五歲的孩子而言，老師似乎不只應呈現他們的口述故事，更重要的是要呈現他們的遊戲。遊戲是幼兒做得最好的事；他們在遊戲時最會思考，也最會表達，充分運用肢體、語言、與字詞。要呈現兒童的遊戲，老師必須要留心注意遊戲，記下孩子正在玩的劇本，並選擇要記錄的內容。相反地，當老師專程為某位孩子記錄他的口述故事時，就會忽略其他孩子正在玩的遊戲。我們相信，留心注意遊戲很重要。

　　在高瞻課程裡（Hohmann, Banet, & Weikart, 1979），孩子們遊戲過後集結在一起，目的是回想，老師要求他們談談他們的遊戲。在通常是由老師改編的、過度簡化的版本中，回想變成了分類練習。「你剛剛在哪裡玩？」「我在積木區玩。」「你跟誰玩？」「我跟朱安尼特玩。」遊戲劇本的豐富性，在於其中蘊含著幻想跟情感，也包括了平凡的事實；但當幼兒被要求在團體中

談他們已經玩過的遊戲時，這些都遺失了。

提澤爾與休斯（Tizard & Hughes, 1984）發現幼教老師問孩子有關遊戲的問題，常是他們已經知道答案的問題，如上所述；相反地，在提澤爾與休斯的樣本中，媽媽們（包括工人階級與中產階級）跟他們的孩子討論的主題比較廣泛。

> 在學校，因為談話關心的是遊戲，幾乎總是關注於「此時此地」；在家裡，超出目前情境的事件比較常被討論，包含孩子的過去與未來……事實上，學校的課程相當程度比家裡的窄──討論的話題範圍比較小（p. 183）。

學校中的成人─兒童對話比家裡的簡短，也比較是由成人主導。「傾向讓對話持續的人是教職員，而且他們講的話也比較多」（Tizard & Hughes, 1984, p. 186）。

「你能告訴我有關你的遊戲嗎？」這個問題跟「你能告訴我有關你的畫嗎？」一樣，暗示著意義只能經由文字溝通──戲劇跟藝術需要白話解釋。那其實是個教師式的問題，設計該問題的目的不是要得到真的資訊而是要刺激口語語言。提澤爾與休斯（1984）描述一位老師跟一個名叫喬伊絲的孩子的對話；然後他們問：

> 這個老師跟孩子到底是為了什麼在講話？顯然並不是因為喬伊絲在這個特殊的時刻有話想跟老師說。相反地，這次對話的發生是因為老師見到一個介紹某些特定

教育上的思想（本例中，是要執行大小與形狀）進兒童
的遊戲……喬伊絲並沒有熱情回應這個方法（p. 191）。

　　在良好的家庭中，兒童的遊戲並不是注意力的焦點。在好的
幼教課程裡則是——因為此時大多數的人是兒童，而他們在一起
做的事就是玩遊戲，此時成人主要的責任是協助遊戲。但我們相
信，他們也有責任去做那件成人做的比兒童好的多的事，那就是
去擴展兒童的經驗，使其不僅包括彼時、彼地，也包含此時、此
地。

　　良好家庭裡的媽媽會問孩子他們還不知道答案的問題，然後
他們會就那些他們彼此都感興趣的事情提供資訊給孩子（Tizard &
Hughes, 1984）。親子關係是真誠且持久的；因此資料的提供包括
了由家庭生活中過去與未來事件所組成的故事。品質良好的幼教
課程，應該以家庭為模範而不是以小學為藍本（Prescott, 1978）。
這有兩個意涵：大量且非正式的成人─兒童對話以及團體時間的
故事應該由成人來說而不是由孩子回憶或展示講述。

　　成人說故事取材自書本與傳統故事。故事也可以是我們一起
去的旅行，或是我們正計畫下個星期要做的事。故事也可以來自
老師對孩子的觀察，利用他的技巧重新捕捉孩子的遊戲劇本，邀
請但不強制要求孩子參與重述。（熟悉某些文化中傳統的說故事
我問你答特色的老師，可能可以找到一些方法讓孩子參與說故事，
就像他們教兒歌律動所用的方式，不過答案要由團體成員自行發
展才適合他們的故事。比方：馬克說：「在山裡。」查理說：「在
營火上。」）

　　幼兒自發的遊戲是他們最高的成就。在他們的遊戲裡，兒童

為自己發明一個世界，也為自己創造一個容身之地。他們是在重新創造他們的過去，也是在想像他們的未來，同時一面為自己在此時、此地生活的現實與幻想中打下基礎。老師以她自己的話重新創造兒童的遊戲，老師尊重遊戲的完整性，但以該遊戲為基礎，將它當作共享的、重複出現的經驗，團體的文化由此經驗出發、成長。為了這個目的，也為了遊戲對兒童的內含價值，老師們應留心注意遊戲。

參考書目·········

Ashton-Warner, S. (1963). *Teacher*. New York: Simon and Schuster.

Ballesteros, D. (1988). A language-enhancing classroom. In E. Jones (Ed.), *Reading, writing, and talking with four, five and six year olds* (pp. 129-135). Pasadena, CA: Pacific Oaks College.

Bereiter, C., & Engelmann, S. (1966). *Teaching disadvantaged children in the preschool*. Englewood Cliffs, NJ: Prentice-Hall.

Bissex, G. (1980). *GNYS at work: A child learns to write and read*. Cambridge, MA: Harvard University Press.

Bredekamp, S. (Ed.). (1987). *Developmentally appropriate practice in early childhood programs serving children from birth through age 8*. Washington, DC: National Association for the Education of Young Children.

Bredekamp, S. (Ed.). (1991). *Guidelines for appropriate curriculum content and assessment in programs serving children ages three through eight*. Washington, DC: National Association for the Education of Young Children.

Carlsson-Paige, N., & Levin, D. (1987). *The war play dilemma: Balancing needs and values in the early childhood classroom*. New York: Teachers College Press.

Carroll, L. (1979). *Alice's adventures in wonderland*. New York: Grosset & Dunlap. (Original work published 1899).

Carter, M., & Jones, E. (1990). The teacher as observer: The director as role model. *Child Care Information Exchange, 75*, 27-30.

Clemens, S. G. (1983). *The sun's not broken, a cloud's just in the way*. Mt. Rainier, MD: Gryphon House.

Coles, R. (1989). *The call of stories: Teaching and the moral imagination*. Boston: Houghton Mifflin.

Csikszentmihalyi, M. (1975). *Beyond boredom and anxiety: The experience of play in work and games*. San Francisco: Jossey-Bass.

Delpit, L. (1986). Skills and other dilemmas of a progressive black educator. *Harvard Educational Review, 56* (4), 379-385.

Delpit, L. (1988). The silenced dialogue: Power and pedagogy in educating other people's children. *Harvard Educational Review, 58* (3), 280-298.

Derman-Sparks, L., & A.B.C. Task Force. (1989). *Anti-bias curriculum*. Washington, DC: National Association for the Education of Young Children.

DeVries, R., & Kohlberg, L. (1990). *Constructivist early education: Overview and comparison with other programs*. Washington, DC: National Association for the Education of Young Children.

Dewey, J. (1938). *Experience and education*. New York: Macmillan.

Dewey, J. (1943). *The school and society*. New York: Macmillan. (Original work published 1900)

Dodge, D. T. (1988). *The creative curriculum for early childhood*. Washington, DC: Teaching Strategies, Inc.

Donaldson, M. (1978). *Children's minds*. Glasgow: Fontana/Collins.

Donmoyer, R. (1981). The politics of play: Ideological and organizational constraints on the inclusion of play experiences in the school curriculum. *Journal of Research and Development in Education, 14* (3), 11-18.

Duckworth, E. (1987). *"The having of wonderful ideas" and other essays on teaching and learning*. New York: Teachers College Press.

Dyson, A. H. (1989). *Multiple worlds of child writers: Friends learning to write*. New York: Teachers College Press.

Egan, K. (1989). *Teaching as storytelling*. Chicago: University of Chicago Press.

Elkind, D. (1989, October). Developmentally appropriate practice: Philosophical and practical implications. *Phi Delta Kappan*, pp. 113-117.

Erikson, E. (1950). *Childhood and society*. New York: Norton.

Ferreiro, E., & Teberosky, A. (1982). *Literacy before schooling*. Portsmouth, NH: Heinemann.

Franklin, M., & Biber, B. (1977). Psychological perspectives and early childhood education: Some relations between theory and practice. In L. Katz (Ed.), *Current topics in early childhood education: Vol. 1* (pp. 1-32). Norwood, NJ: Ablex.

Freire, P. (1970). *Pedagogy of the oppressed*. New York: Seabury.

Gonzalez-Mena, J., & Eyer, D. W. (1989). *Infants, toddlers, and caregivers*. Mountain View: CA: Mayfield.

Graves, D. (1983). *Writing: Teachers and children at work*. Portsmouth, NH: Heinemann.

Greenman, J. (1988). *Caring spaces, learning places: Children's environments that work*. Redmond, WA: Exchange.

Griffin, E. F. (1982). *Island of childhood: Education in the special world of the nursery school*. New York: Teachers College Press.

Gronlund, G. (1990). Exploring the war play dilemma in my kindergarten classroom (Occasional Paper). Pacific Oaks College, Pasadena, CA.

Harris, L. (1988). Journal writing at Pine Hill. In E. Jones (Ed.), *Reading, writing and talking with four, five and six years olds* (pp. 207-219). Pasadena, CA: Pacific Oaks College.

Harste, J., Woodward, V., & Burke, C. (1984). *Language stories and literacy lessons*. Portsmouth, NH: Heinemann.

Hawkins, D. (1974). *The informed vision: Essays on learning and human nature*. New York: Agathon Press.

Hawkins, F. P. (1974). *The logic of action*. New York: Pantheon Books.

Heath, S. B. (1983). *Ways with words: Language, life and work in communities and classrooms*. Cambridge: Cambridge University Press.

Heigl, J. (1988). Language experiences for language-delayed children. In E. Jones (Ed.), *Reading, writing and talking with four, five and six year olds* (pp. 121–128). Pasadena, CA: Pacific Oaks College.

Hohmann, M., Banet, B., & Weikart, D. P. (1979). *Young children in action: A manual for preschool educators.* Ypsilanti, MI: High/Scope.

Holdaway, D. (1979). *The foundations of literacy.* Portsmouth, NH: Heinemann.

Howarth, M. (1988). Fairy tale dramatics: An approach to oral language and personal meaning. In E. Jones (Ed.), *Reading, writing and talking with four, five and six year olds* (pp. 159–173). Pasadena, CA: Pacific Oaks College.

Howarth, M. (1989). Rediscovering the power of fairy tales: They help children understand their lives. *Young Children, 45* (1), 58–65.

Johnson, K. (1987). *Doing words.* Boston: Houghton Mifflin.

Jones, E. (1983). On the use of behavioral objectives in open education. In E. Jones (Ed.), *On the growing edge: Notes by college teachers making changes* (pp. 63–66). Pasadena, CA: Pacific Oaks College.

Jones, E. (1984). Training individuals: In the classroom and out. In J. T. Greenman & R. W. Fuqua (Eds.), *Making day care better: Training, evaluation, and the process of change* (pp. 185–201). New York: Teachers College Press.

Jones, E. (1987). Preparing children for a changing society: What *are* the basics? In *Pursuit of excellence in education: Beyond the basics* (pp. 173–204). Nashville: Tennessee State University.

Jones, E. (1990). Playing is my job. *Thrust for Educational Leadership, 20* (2), 10–13.

Jones, E., & Meade-Roberts, J. (1991). *Assessment through observation: A profile of developmental outcomes* (Occasional Paper). Pacific Oaks College, Pasadena, CA.

Jones, E., & Prescott, E. (1982). Day care: Short- or long-term solution? *Annals, 461,* 91–101.

Kamii, C. (1985a). Leading primary education toward excellence: Beyond worksheets and drill. *Young Children, 40* (6), 3–9.

Kamii, C. (1985b). *Young children reinvent arithmetic: Implications of Piaget's theory.* New York: Teachers College Press.

Kamii, C. (Ed.). (1990). *Achievement testing in the early grades: The games grown-ups play.* Washington, DC: National Association for the Education of Young Children.

Katz, L. G. (1980). Mothering and teaching: Some significant distinctions. In L. Katz et al. (Eds.), *Current topics in early childhood education: Vol. III* (pp. 47–63). Norwood, NJ: Ablex.

Katz, L. G., & Chard, S. (1989). *Engaging children's minds: The project approach.* Norwood, NJ: Ablex.

Kipling, R. (1978). *Just so stories.* New York: Weathervane Books. (Original work published 1902)

Kritchevsky, S., & Prescott, E. (1969). *Planning environments for young children: Physical space*. Washington, DC: National Association for the Education of Young Children.

Kuschner, D. (1989). Put your name on your painting but . . . the blocks go back on the shelves. *Young Children, 45* (1), 45-56.

Labinowicz, E. (1980). *The Piaget primer: Thinking, learning, teaching*. Menlo Park: CA: Addison Wesley.

Maslow, A. (1962). *Toward a psychology of being*. New York: Van Nostrand and Reinhold.

McLeod, E. W. (1961). *One snail and me*. Boston: Little Brown.

Meade-Roberts, J. (1988). It's *all* academic! In E. Jones (Ed.), *Reading, writing and talking with four, five and six year olds* (pp. 91-103). Pasadena, CA: Pacific Oaks College.

Miller, J. B. (1976). *Toward a new psychology of women*. Boston: Beacon Press.

Monighan-Nourot, P. (1990). The legacy of play in American early childhood education. In E. Klugman & S. Smilansky (Eds.), *Children's play and learning* (pp. 59-85). New York: Teachers College Press.

Muhlstein, E. (1990). *Facilitating social problem solving with children ages two through five* (Occasional Paper). Pacific Oaks College, Pasadena, CA.

National Association for the Education of Young Children. (1990). *Model of early childhood professional development* [draft]. Washington, DC: Author.

New, R. (1990). Excellent early education: A city in Italy has it. *Young Children, 45* (6), 4-10.

Newson, J., & Newson, E. (1976). *Seven years old in the home environment*. London: Allen and Unwin.

Nicholson, S. (1974). How not to cheat children: The theory of loose parts. In G. Coates (Ed.), *Alternate learning environments*. Stroudsberg, PA: Dowden, Hutchinson, and Ross.

Noddings, N. (1984). *Caring: A feminine approach to ethics and moral education*. Berkeley: University of California Press.

Paley, V. G. (1981). *Wally's stories*. Cambridge, MA: Harvard University Press.

Paley, V. G. (1984). *Boys and girls: Superheroes in the doll corner*. Chicago: University of Chicago Press.

Paley, V. G. (1986a). *Mollie is three: Growing up in school*. Chicago: University of Chicago Press.

Paley, V. G. (1986b). On listening to what the children say. *Harvard Educational Review, 56* (2), 122-131.

Paley, V. G. (1988). *Bad guys don't have birthdays: Fantasy play at four*. Chicago: University of Chicago Press.

Paley, V. G. (1990). *The boy who would be a helicopter: The uses of storytelling in the classroom*. Cambridge, MA: Harvard University Press.

Peterson, R., & Felton-Collins, V. (1986). *The Piaget handbook for teachers and parents*. New York: Teachers College Press.

Piaget, J. (1973). *To understand is to invent*. New York: Grossman.

Prescott, E. (1978). Is day care as good as a good home? *Young Children, 33* (2), 13–19.

Prescott, E., Jones, E., Kritchevsky, S., Milich, C., & Haselhoef, E. (1975). *Who thrives in group day care?* Pasadena, CA: Pacific Oaks College.

Rabiroff, B., & Prescott, E. (1978). The invisible child: Challenge to teacher attentiveness. In E. Jones (Ed.), *Joys and risks in teaching young children* (123–133). Pasadena, CA: Pacific Oaks College.

Reynolds, G. (1988). When I was little I used to play a lot. In E. Jones (Ed.), *Reading, writing and talking with four, five and six year olds* (pp. 85–90). Pasadena, CA: Pacific Oaks College.

Segal, M., & Adcock, D. (1981). *Just pretending: Ways to help children grow through imaginative play*. Englewood Cliffs, NJ: Prentice-Hall.

Sendak, M. (1962). *Pierre*. New York: Harper.

Slobodkina, E. (1947). *Caps for sale*. New York: Scott.

Smilansky, S. (1968). *The effects of sociodramatic play on disadvantaged preschool children*. New York: Wiley.

Smilansky, S., & Shefatya, L. (1990). *Facilitating play: A medium for promoting cognitive, socioemotional and academic development in young children*. Gaithersburg, MD: Psychosocial and Educational Publications.

Snow, C. E. (1983). Literacy and language: Relationships during the preschool years. *Harvard Educational Review, 53* (2), 165–189.

Solow, J. (1989). *Words through wonder*. Unpublished master's thesis, Pacific Oaks College, Pasadena, CA.

Sparrow, B. (1988). What really matters: The teacher in the concentrated encounter. In E. Jones (Ed.), *Reading, writing and talking with four, five and six year olds* (pp. 232–240). Pasadena, CA: Pacific Oaks College.

Stadler, S. (1990). *Layers of learning: Literacy for children and teachers*. Unpublished master's thesis, Pacific Oaks College, Pasadena, CA.

Stallibrass, A. (1989). *The self-respecting child: A study of children's play and development*. Reading, MA: Addison-Wesley.

Stritzel, K. (1989). *Blockbuilding and gender*. Unpublished master's thesis, Pacific Oaks College, Pasadena, CA.

Suransky, V. P. (1982). *The erosion of childhood*. Chicago: University of Chicago Press.

Tizard, B., & Hughes, M. (1984). *Young children learning: Talking and thinking at home and at school*. London: Fontana/Collins.

Toffler, A. (1980). *The third wave*. New York: Morrow.

Trook, E. (1983). Understanding teachers' use of power: A role-playing activity. In E. Jones (Ed.), *On the growing edge: Notes by college teachers making changes* (pp. 15–22). Pasadena, CA: Pacific Oaks College.

Van Allen, R. (1976). *Language experiences in communication*. Boston: Houghton Mifflin.

Van Hoorn, J., Nourot, P. M., Scales, B., & Alward, K. (in press). *Play at the center of the curriculum*. Columbus, OH: Merrill.

Veatch, J., Sawicki, F., Elliott, G., Barnette, E., & Blakey, J. (1973). *Key words to reading: The language experience approach begins.* Columbus, OH: Merrill.

Vygotsky, L. S. (1978). *Mind in society: The development of higher psychological processes.* Cambridge, MA: Harvard University Press.

Wasserman, S. (1990). *Serious players in the primary classroom.* New York: Teachers College Press.

Watzlawick, P., Weakland, J., & Fisch, R. (1974). *Change: Principles of problem formation and problem resolution.* New York: Norton.

索引·········

R

S

幼兒教育 63

小遊戲・大學問：教師在幼兒遊戲中的角色

作　　者：Elizabeth Jones & Gretchen Reynolds
譯　　者：陶英琪
責任編輯：陳怡芬
總　編　輯：林敬堯
發　行　人：邱維城
出　版　者：心理出版社股份有限公司
社　　址：台北市和平東路一段 180 號 7 樓
總　　機：(02) 2367-1490
傳　　真：(02) 2367-1457
郵　　撥：19293172　心理出版社股份有限公司
　E-mail　：psychoco@ms15.hinet.net
網　　址：www.psy.com.tw
駐美代表：Lisa Wu
　Tel　　：973 546-5845　　Fax：973 546-7651
登　記　證：局版北市業字第 1372 號
印　刷　者：捷弘印刷有限公司
初版一刷：2002 年 12 月
初版二刷：2004 年 3 月

定價：新台幣 280 元
■ 有著作權・翻印必究 ■
ISBN 957-702-551-X

國家圖書館出版品預行編目資料

小遊戲‧大學問：教師在幼兒遊戲中的角色 /
Elizabeth Jones, Gretchen Reynold 作；
陶英琪譯. -- 初版. -- 臺北市：心理,
2002〔民 91〕
　　面；　公分. --（幼兒教育；63）
參考書目：面
含索引
譯自：The play's the thing: teacher's roles in
children's play

　ISBN 957-702-551-X（平裝）

1. 兒童遊戲　　2. 學前教育

523. 13　　　　　　　　　　　91022226

讀者意見回函卡

No. _____ 填寫日期： 年 月 日

感謝您購買本公司出版品。為提升我們的服務品質，請惠填以下資料寄回本社【或傳真(02)2367-1457】提供我們出書、修訂及辦活動之參考。您將不定期收到本公司最新出版及活動訊息。謝謝您！

姓名：＿＿＿＿＿＿＿＿＿ 性別：1□男 2□女

職業：1□教師 2□學生 3□上班族 4□家庭主婦 5□自由業 6□其他＿＿

學歷：1□博士 2□碩士 3□大學 4□專科 5□高中 6□國中 7□國中以下

服務單位：＿＿＿＿＿＿ 部門：＿＿＿＿ 職稱：＿＿＿＿

服務地址：＿＿＿＿＿＿ 電話：＿＿＿＿ 傳真：＿＿＿

住家地址：＿＿＿＿＿＿ 電話：＿＿＿＿ 傳真：＿＿＿

電子郵件地址：＿＿＿＿＿＿＿＿＿＿＿＿

書名：＿＿＿＿＿＿＿＿＿＿＿＿＿＿＿＿

一、您認為本書的優點：（可複選）

❶□內容 ❷□文筆 ❸□校對 ❹□編排 ❺□封面 ❻□其他＿＿

二、您認為本書需再加強的地方：（可複選）

❶□內容 ❷□文筆 ❸□校對 ❹□編排 ❺□封面 ❻□其他＿＿

三、您購買本書的消息來源：（請單選）

❶□本公司 ❷□逛書局⇨＿＿＿書局 ❸□老師或親友介紹

❹□書展⇨＿＿書展 ❺□心理心雜誌 ❻□書評 ❼其他＿＿

四、您希望我們舉辦何種活動：（可複選）

❶□作者演講 ❷□研習會 ❸□研討會 ❹□書展 ❺□其他＿＿

五、您購買本書的原因：（可複選）

❶□對主題感興趣 ❷□上課教材⇨課程名稱＿＿＿＿＿＿

❸□舉辦活動 ❹□其他＿＿＿＿＿ （請翻頁繼續）

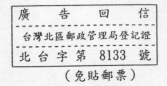
 心理出版社 股份有限公司

台北市 106 和平東路一段 180 號 7 樓

TEL: (02) 2367-1490
FAX: (02) 2367-1457
EMAIL:psychoco@ms15.hinet.net

沿線對折訂好後寄回

六、您希望我們多出版何種類型的書籍

❶□心理　❷□輔導　❸□教育　❹□社工　❺□測驗　❻□其他

七、如果您是老師，是否有撰寫教科書的計劃：□有□無

　　書名／課程：＿＿＿＿＿＿＿＿＿＿＿＿＿＿＿＿＿＿＿＿＿

八、您教授／修習的課程：

上學期：＿＿＿＿＿＿＿＿＿＿＿＿＿＿＿＿＿＿＿＿＿＿＿＿

下學期：＿＿＿＿＿＿＿＿＿＿＿＿＿＿＿＿＿＿＿＿＿＿＿＿

進修班：＿＿＿＿＿＿＿＿＿＿＿＿＿＿＿＿＿＿＿＿＿＿＿＿

暑　假：＿＿＿＿＿＿＿＿＿＿＿＿＿＿＿＿＿＿＿＿＿＿＿＿

寒　假：＿＿＿＿＿＿＿＿＿＿＿＿＿＿＿＿＿＿＿＿＿＿＿＿

學分班：＿＿＿＿＿＿＿＿＿＿＿＿＿＿＿＿＿＿＿＿＿＿＿＿

九、您的其他意見

謝謝您的指教！　　　　　　　　　　　　　　　51063